W0048569

PETRA STAMER-BRANDT
MONIKA MURPHY-WITT

Das Erziehungs-ABC
Von Angst bis Zorn

➤ Die besten Lösungen für die
50 häufigsten Alltagsprobleme

Inhalt

Ein Wort zuvor

»Unser Kind ist so schwierig«, stöhnen immer mehr Eltern. Immer öfter werden Erziehungsberatungsstellen hinzugezogen: Streit und Ungehorsam, aggressives Verhalten und heftigste Wutanfälle gehören in vielen Familien bereits zum Alltag. Etwa ein Viertel aller Kindergartenkinder zwischen drei und sechs Jahren soll laut Studien erhebliche Probleme bereiten. Doch auch Kleinigkeiten wie das zugemüllte Kinderzimmer oder immer neue Lügengeschichten können mit der Zeit zum Dauerstress für Elternnerven werden. Da bleibt die Freude an Kindern leicht auf der Strecke.

Sicher, ein Kind zu erziehen ist wirklich kein Kinderspiel. Die heutigen Lebensumstände machen es Eltern auch nicht unbedingt leichter: Enge Wohnungen, kaum Möglichkeiten zum Spielen und Toben und eine Überflutung mit optischen und akustischen Reizen sind keine optimalen Bedingungen für kleine Menschen. Zu viel Hektik im Alltag statt gemütlicher Stunden mit den Eltern, Fast food statt Familienessen, Fernsehen und Computerspiele statt Sandkiste und Bäumeklettern, Konsum statt Abenteuer – das alles hinterlässt Spuren bei unseren Kindern. Leider vergessen wir auch oft, dass Kinder keine kleinen Erwachsenen sind. Sie können manche Dinge einfach noch nicht begreifen und haben andere Bedürfnisse als wir. Und nicht zuletzt fehlen ihnen oft ganz einfach klare Regeln, Grenzen und unantastbare Werte.

Da müssen Eltern eindeutig Stellung beziehen, und das jeden Tag aufs Neue – auch wenn es oft anstrengend ist. Doch früher oder später zahlt sich Ihre Mühe aus. Sie werden es sehen – an Ihrem Kind. Dabei soll Ihnen dieses Buch helfen: Es vermittelt Ihnen das nötige Wissen über Ihr Kind und seine Entwicklung, damit Sie es auch in Stresssituationen besser verstehen. Dieser GU-Ratgeber enthält außerdem ganz viele praktische Tipps und Anregungen für Ihren Erziehungsalltag, damit Sie die häufigsten Ärgernisse besser meistern. Und das Beste: All diese Tipps haben sich schon vielfach in unserem eigenen Erziehungsalltag bei unseren insgesamt sechs Kindern bewährt.

Wir wünschen Ihnen viel Erfolg beim Erziehen und Ausprobieren. Aber auch Geduld, gute Nerven, Durchhaltevermögen sowie eine ordentliche Prise Humor – und dass Ihnen Ihr Familienleben Spaß macht!

Petra Stamer-Brandt
Monika Murphy-Witt

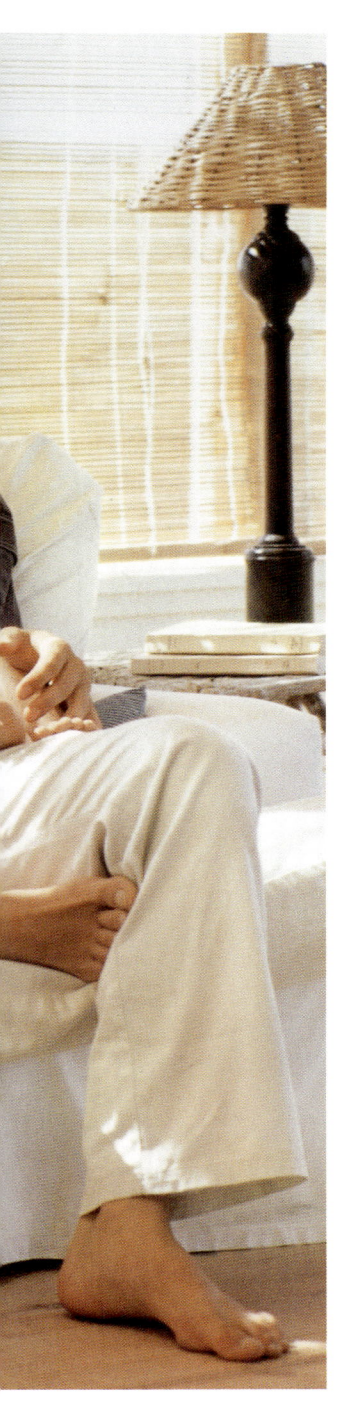

Erziehen – aber wie?!

Kinder zu haben ist so schön –
und manchmal so schwer!
Denn neben den wunderbaren
Glücksmomenten und den
schönen Tagen, die das Leben
mit Kindern bringt, gibt es
auch immer wieder Phasen, in
denen scheinbar alles schief
läuft: Ständig schreit das
Kleinkind, bockt die Vierjähri-
ge, provoziert der Junior ...
Warum das so ist , erfahren Sie
auf den folgenden Seiten.
Denn manchmal hilft es schon
weiter, wenn man einfach nur
weiß, was in den Kids gerade
vorgeht – und was ihnen im
Alter von zwei, vier oder sieben
Jahren besonders zu schaffen
macht. Und auch, dass alle
Eltern solche Phasen durch-
stehen müssen.

Kinder verstehen lernen

Familienleben könnte so schön sein. Doch allzu oft gibt es Ärger mit den Kindern, Zank und Streit – und das meist wegen Kleinigkeiten: Die Kids können nicht still sitzen, sind laut und ungehorsam, verbreiten überall Chaos und geben ständig Kontra.

Begleiten statt bevormunden

»Wie sollen wir unser Kind nur erziehen?« fragen sich deshalb immer mehr Eltern. Doch leider gibt es keine exakten, wissenschaftlich belegten Vorschriften darüber, was in der Erziehung richtig und falsch ist. Es gibt nur Erkenntnisse über die Entwicklung von Kindern. Diese helfen uns Großen, kleine Leute besser zu verstehen und entsprechend auf sie zu reagieren. Kinder wollen akzeptiert werden – so wie sie sind. Doch dieses Streben nach Eigenständigkeit macht es uns Eltern nicht immer leicht. Es erfordert viel Einfühlungsvermögen und Geduld.

Lassen Sie sich auf Ihr Kind ein

Erziehung sollte immer vom Kind ausgehen. Das setzt viel Liebe, aber auch Ihr Vertrauen in die eigenen elterlichen Fähigkeiten voraus. Beobachten Sie Ihr Kind genau, lernen Sie es kennen. Kinder haben ein Recht darauf, schrittweise ihre ureigene und unverwechselbare Individualität zu entwickeln. Und Kinder sind keine »unwissenden« Wesen. Wir können und müssen ihnen Erziehung und Bildung nicht »eintrichtern«. Sie finden – mit entsprechender liebevoller Unterstützung – ihren individuellen Weg in der Regel ganz allein.

Jedes Kind ist einzigartig – und auch seine Entwicklung.

Stellen Sie sich eine Treppe vor, die Ihr Kind Stufe für Stufe erobert. Es kann aber auch vorkommen, dass Ihr Kind eine Stufe überspringt oder etwas länger auf einer verweilt – so wie es gerade gut ist. Behalten Sie dieses Bild im Kopf. Und verlassen Sie sich auf Ihre Intuition. Sie sind die Expertin, der Experte für Ihr Kind. Ihr Gefühl, Ihr Wissen über Ihr Kind sagen Ihnen in den meisten Fällen genau das Richtige. So werden auch Sie Ihren Erziehungsweg finden.

Die kindliche Entwicklung

Anhalts-
punkte,
keine »eiser-
nen« Regeln

Seit sich die Menschen mit Psychologie beschäftigen, versuchen sie, die Entwicklung von Kindern in bestimmte Phasen einzuteilen. Lange Zeit glaubte man, dass jedes Kind in einem gewissen Zeitraum bestimmte Entwicklungsstufen durchläuft und dabei kontinuierliche Lernfortschritte macht, die aufeinander aufbauen (Phasentheorie). Heute weiß man, dass das so nicht stimmt. Denn die Entwicklung eines Kindes geht zwar Schritt für Schritt langsam die Treppe hinauf. Sie verläuft aber auch bei jedem einzelnen Menschen anders. Und es kann dabei zu Stillständen, Sprüngen oder Rückschritten kommen.

Die Phasentheorie bietet lediglich einen Orientierungsrahmen, um Verhaltensweisen von Kindern richtig einzuordnen. Halten Sie sich als Eltern jedoch immer wieder vor Augen: Die Übergänge von einer Entwicklungsstufe zur nächsten sind fließend und bei allen Menschen anders. Jedes Kind hat sein ganz eigenes Entwicklungstempo. Auch Ihres.

Jedes Kind ist einzigartig

Das Durchschnittskind mit der »idealtypischen Entwicklung« gibt es also nicht: Kinder entwickeln sich individuell. Eines läuft schon mit 8 Monaten und ist mit 18 Monaten trocken, ein anderes läuft erst mit 15 Monaten und trägt als Vierjähriges immer noch eine Windel – beginnt aber vielleicht in dem Alter schon zu lesen und einfache Rechnungen zu lösen. Beides ist möglich, beides kann in Ordnung sein. Die Entwicklung hängt nicht nur vom Kind selbst ab, sondern auch von vielen anderen Faktoren: vom Umfeld – Elternhaus, Freunde, Verwandte, Kindergarten –, von der Gesundheit, der Geschwisterkonstellation ...

Zahlreiche
Bedingun-
gen beein-
flussen die
Entwicklung

Einige kleine Leute behalten ihr ganz persönliches Entwicklungstempo bei. Es gibt aber auch viele Kinder, die langsamer als ihre Altersgenossen starten und sie dann plötzlich überholen. Stillstand und Rückschritt, aber auch Sprünge in der Entwicklung sind völlig normal. Die ersten Lebensjahre sind für jedes Kind besonders wichtig, sie prägen es für seine gesamte Zukunft. Wichtig ist deshalb, dass Sie Ihrem Kind gerade in dieser Zeit eine verlässliche und stabile Beziehung geben. Dann stehen Sie und Ihr Kind auf der Gewinnerseite.

Das erste Lebensjahr

Ihr Kind wird nie wieder in seinem Leben so viel lernen wie im ersten Lebensjahr. Im Säuglingsalter, das ist die Zeit zwischen der Geburt und den ersten Schritten, lernt Ihr Kind sehen, riechen, hören, schmecken, greifen, sitzen, sich umdrehen, krabbeln, auf Berührung zu reagieren, Wünsche und Bedürfnisse zu äußern und noch vieles mehr. Manche Sinne sind noch nicht so gut ausgeprägt; Gleichgewichtssinn, gezieltes Greifen und koordiniertes Sehen müssen noch gelernt werden. Aber riechen und schmecken kann Ihr Kind im ersten Lebensjahr schon fast perfekt. Zwischen dem ersten und dem zweiten Lebensjahr lernt ein **Der Start** Kind laufen und sprechen. Und beginnt damit, die Welt zu entdecken – **ins Leben** zuerst die kleine häusliche Umwelt seiner Familie.

Das zweite Lebensjahr

Wahrscheinlich dreht sich bei Ihrem Kind um den ersten Geburtstag herum alles ums Laufen. Es lernt außerdem zu sprechen und beginnt, komplexere Handlungen auszuführen, die es vorher geplant hat und für die mehrere Schritte nötig sind.

Die motorische Entwicklung

Jetzt probiert Ihr Kind alle erdenklichen Bewegungen aus. Es will auf jeden Stuhl klettern, jede Treppe erklimmen. Es testet aus, wie sein eigener Körper funktioniert und erforscht die Welt – auch außerhalb des Kinderzimmers. Ihr Kind möchte jetzt toben, klettern, hüpfen, balancieren, schaukeln und viel laufen. Das tut es auch, ohne müde zu werden. Dabei lernt es, seine Bewegungsabläufe zu koordinieren, das Gleichgewicht zu halten, Augen und Hand zu kontrollieren und mit Gefahren umzugehen.

Dafür sollten Sie Ihrem Kind jetzt einiges bieten: Gehen Sie mit ihm auf den Spielplatz, machen Sie Waldspaziergänge und Ausflüge, die zum Bewegen motivieren. In »bewegten« Situationen erfährt Ihr Kind etwas über die Schwerkraft und seine eigenen Körperempfindungen. **Ihr Kind** Es entwickelt Bewegungssicherheit, lernt, die eigenen Fähigkeiten rich- **hält sich** tig einzuschätzen und seinen eigenen Körper ebenso zu beherrschen **und Sie in** wie ein kleines Stück der Welt. **Bewegung**

Diese Zeit ist für viele Eltern recht anstrengend. Ständig möchte das Kind auf dem Rücken der Eltern reiten, Schränke ausräumen oder durch die frisch gemachten Betten toben. Freuen Sie sich über den Bewegungsdrang Ihres Kindes: Er gehört zur gesunden motorischen Entwicklung. Doch kleine Leute nutzen jede Gelegenheit, sich zu erproben: Keine Treppe und keine Fensterbank sind vor ihnen sicher. Achten Sie deshalb auf Kindersicherungen. Und unterschätzen Sie die Bewegungsfähigkeit Ihres Sprösslings nicht.

Ist Ihre Wohnung kindersicher?

Die geistige und sprachliche Entwicklung

Kleine Planer am Werk

Während Ihr Kind anfangs Handlungen erwachsener Vorbilder nachahmt, beginnt es gegen Ende des zweiten Lebensjahres, Informationen zu verarbeiten und eigene Lösungen zu suchen. Es kann sich zum Beispiel vornehmen, einen Turm zu bauen und dafür die Bauklötze herzuschaffen, einen Platz freizuräumen und Schritt für Schritt den Turm aufzubauen. Kippt er um, wird ein neuer Versuch gestartet, und die Erfahrungen der ersten Bauphase fließen in den neuen Versuch ein. So lernt das Kind allmählich seine Handlungen zu koordinieren. Dafür benötigt es ein gut entwickeltes Tastempfinden. Die Basis dafür wird jetzt gelegt. Denn nun kann Ihr Kind auch Berührungen lokalisieren und Ihnen ziemlich genau sagen, wo es berührt wurde. Hat es einen sicheren Tastsinn und das Gespür für den eigenen Körper, gelingt es ihm, mit Gegenständen sicher umzugehen. Ungeschickte Kinder, denen alles aus der Hand fällt oder die ständig Dinge umstoßen, haben oft einen schlecht ausgeprägten Tastsinn.

Ihr Kind braucht auch für die Entwicklung seiner Intelligenz Anreize: Es braucht Zeit und Raum für eigene Erfahrungen. Sie als Eltern müssen jetzt daran denken, dass Ihr Kind durch eigene Erfahrungen lernen will und kann. Haben Sie Geduld mit ihm und bieten Sie ihm nicht ständig Ihre Lösungen an.

Ein zweijähriges Kind ist fähig, einfache Aufforderungen und Hinweise zu verstehen und auch zu befolgen. Es kann 30 bis 50

TIPP!
Halt mich fest – lass mich los

Ihr Kind ist noch weit davon entfernt, unabhängig zu sein. Sie müssen jetzt den Spagat vollführen und ihm Freiheit gewähren, trotzdem aber noch Unterstützung und Ermunterung geben. Sie müssen jetzt viel Verständnis und Geduld aufbringen und eine zärtliche Beziehung aufrechterhalten.

Bücher machen schlau – auch schon ganz kleine Kinder

Wörter sprechen und noch viel mehr verstehen. Es verwendet Zwei- bis Drei-Wort-Sätze, etwa um kleine Erlebnisse verständlich zu erzählen. Beim Betrachten eines Bilderbuches kann es beschreiben, was es sieht. Für die Sprachentwicklung ist es jetzt besonders wichtig, gemeinsam viele Bücher anzuschauen, Geschichten zu erzählen und vorzulesen. Nutzen Sie jeden Anlass für ein Gespräch. Ihr Kind spricht jetzt auch nicht mehr von sich in der dritten Person.

Die soziale Entwicklung

Im zweiten Lebensjahr wird sich Ihr Kind seiner selbst bewusst: Es lernt sich als ein von Mutter und Vater unabhängiges, eigenständiges Wesen wahrzunehmen. Es macht die Erfahrung, dass es viele Dinge ohne Hilfe der Mutter bewältigen und entdecken kann. Ihr Kind erkennt sich irgendwann im Spiegel selbst. Es weiß: Das bin ich! Und es erfährt jetzt: Es kann sein eigener Herr sein, Nein sagen und widersprechen. Mit knapp zwei Jahren kommen viele Kinder in die »Trotzphase«. Heute sprechen Pädagogen eher vom »Autonomiealter«. Denn inzwischen weiß man, dass das widerspenstige Verhalten des Kindes ein Zeichen dafür ist, dass es jetzt selbstständig wird. Das alles sind wichtige Voraussetzungen, um Beziehungen zu anderen Menschen einzugehen. Ihre Aufgabe ist es, Ihr Kind in diesem Prozess zu bestätigen. Ihr Kind beginnt nun langsam, sich von Ihnen zu lösen. Der erste Schritt, um sicher und selbstständig zu werden. Es spielt zwar noch vorwiegend allein und eher neben als mit anderen Kindern. Aber es liebt die Gesellschaft anderer – auch wenn es mit seinen zwei Jahren noch keine dauerhaften sozialen Beziehungen aufbauen kann.

Ihr Kind »erkennt« sich selbst

WICHTIG
Darauf kommt's im zweiten Lebensjahr besonders an

● Ihr Kind braucht viel Liebe, Anerkennung und Unterstützung.
● Es benötigt Freiräume, die seinem Alter entsprechen und die ihm ermöglichen, seine eigenen Stärken und Grenzen auszutesten.
● Es muss seine eigenen Erfahrungen sammeln können. Geben Sie ihm möglichst viele Gelegenheiten dazu. Gehen Sie sparsam mit Anweisungen um und lassen Sie Ihr Kind seinen Weg finden.
● Es braucht viele Bewegungsanreize. Ermutigen und begleiten Sie Ihr Kind, wenn es neue Dinge ausprobieren möchte.

TIPP!

Bewegung und Neugier – das macht Kinder klüger

Egal wie alt Ihr Kind ist: Lassen Sie es seinen Forscherdrang ausleben.
Es lernt so seine Welt kennen. Es erfährt, wie sein eigener Körper funktioniert und was man mit den Dingen der Umwelt anfangen kann.
Es sammelt Erfahrungen mit Gegenständen und der
physikalischen Umwelt. Wichtig ist außerdem Bewegung: Hierdurch trainiert Ihr Kind seinen Gleichgewichtssinn – es lernt, seinen Körper zu navigieren. Wenn Ihr Kind
viel in Bewegung ist, unterstützen Sie seine sensomotori-
sche Entwicklung – also die Entwicklung der Sinne und der
körperlichen Fähigkeiten. Geben Sie Ihrem Sprössling also
möglichst oft Gelegenheit, sich zu bewegen: Lassen Sie
ihn laufen, springen, hüpfen, klettern ...

Das dritte und vierte Lebensjahr

**Wissens-
durst hilft
beim
Entdecken
der Welt**

Ihr Kind kann sich nun immer besser verständlich machen und zu anderen Kontakt aufnehmen. Sein Gehirn arbeitet schon hervorragend
und ist ganz besonders aufnahmefähig. Wie ein Schwamm saugt Ihr
Kind alle neuen Informationen auf. Es ist neugierig auf sich und die
Welt, kann aber noch nicht alles verarbeiten. Spielen ist nach wie vor
seine Hauptbeschäftigung und wird es auch noch einige Jahre bleiben.

Die motorische Entwicklung

Ihr Kind möchte jetzt mit allen Dingen hantieren, alles ausprobieren.
Das klappt noch nicht immer perfekt, aber Übung macht bekanntlich
den Meister. Es lernt nach und nach, sicher mit Gegenständen wie
Messer und Gabel, Schere, Buntstiften, Farben und Pinsel, Schaufeln,
Reißverschlüssen, Haken und Ösen, der Abwaschbürste, Knöpfen und
Schnürsenkeln umzugehen.
Seine Sinnesorgane funktionieren immer perfekter. Ihr Kind kann eine
Blumenzwiebel einpflanzen, einen Papierflieger falten, Toilettenpapier
richtig benutzen, ein riesiges Loch in Ihr Blumenbeet buddeln – und
auch auf einem Baumstamm balancieren.

**Vom Greifen
zum Be-
greifen**

Die geistige und sprachliche Entwicklung

Ihr Kind spricht jetzt schon recht gut. Es verfügt am Ende des vierten Lebensjahres über einen Wortschatz von etwa 1500 bis 2000 Wörtern und hat die Grundlagen seiner Muttersprache erworben. Es kann seine Interessen und Wünsche durch Sprache richtig und gut ausdrücken. Ihr Kind verfügt bereits über ein autobiographisches Gedächtnis, es kann sich an Vergangenes erinnern und sich darauf beziehen. Es malt einfache Figuren und erkennt die Struktur von Ereignissen. Zwischen dem dritten und vierten Lebensjahr erfasst Ihr Kind schon viele sachliche Zusammenhänge. Gleichzeitig befindet es sich aber immer noch in einer magischen Phase. So ahnt es vielleicht, dass es weder den Osterhasen noch einen Weihnachtsmann gibt – magisches Denken und Realität schließen sich jedoch bei ihm nicht aus. Es malt dem Weihnachtsmann einen Wunschzettel, begrüßt ihn ehrfürchtig vor dem Kaufhaus und erzählt trotzdem im Kindergarten, dass es ihn nicht gibt. Die meisten Kinder können jetzt Realität und Fantasie noch nicht immer auseinander halten: Das gelingt Kindern ab etwa fünf Jahren. Hexen, Zauberer, Feen, Märchen und fantastische Geschichten üben jetzt noch einen unwiderstehlichen Reiz aus.

Befriedigend für Ihr Kind: Es kann sich immer besser ausdrücken

Die soziale Entwicklung

Ihr Kind ist um seinen dritten Geburtstag herum wahrscheinlich trocken. Es besucht den Kindergarten, wo es viel mit anderen Kindern spielt. Alle Spielpartner sind »Freunde«, aber die Freundschaften wechseln noch schnell. Echtes Zusammengehörigkeitsgefühl gibt es in den kleineren Spielgruppen, die sich bilden, noch nicht. Was sich bereits jetzt entwickelt, sind unterschiedliche Rollen: Manche Kinder sind still und zurückhaltend, andere schon recht dominant. Ihr Sprössling nimmt jetzt wahr, dass Kinder verschieden sind und auch unterschiedliche Gefühle und Standpunkte haben.

Ihr Kind ist jetzt immer besser in der Lage, sich voll und ganz auf etwas zu konzentrieren.

Zwischen dem dritten und vierten Lebensjahr entdeckt Ihr Kind erste Geheimnisse im Umgang mit anderen Menschen: Wenn ich freundlich bin, reagieren die anderen in der Regel auch freundlich auf mich. Wut-

Darauf kommt's im Alter zwischen 3 und 4 Jahren besonders an

- In diesem Alter haben viele Kinder Sprachstörungen. Sollte Ihnen am Sprachverhalten Ihres Kindes etwas auffällig vorkommen, fragen Sie Ihren Arzt oder suchen Sie einen Logopäden auf.
- Auch Sehstörungen sind in dieser Altersgruppe nicht selten. Lassen Sie deshalb die Augen Ihres Kindes überprüfen und nehmen Sie unbedingt alle Vorsorgeuntersuchungen wahr.
- Das Spiel mit anderen Kindern gewinnt immer mehr an Bedeutung. Ein Platz im Kindergarten ist deshalb jetzt wichtig, ebenso wie Spielplatzbesuche und gemeinsame Aktivitäten mit gleichaltrigen Kindern aus der Nachbarschaft.
- Ihr Kind benötigt viel frische Luft und Bewegung.
- Es braucht Bestätigung, Erfolgserlebnisse, aber auch Grenzen.
- Betrachten Sie mit Ihrem Kind viele Bilderbücher und lesen Sie ihm fantastische Geschichten vor. Sehr beliebt sind bei Kindern in diesem Alter Kinderbuchklassiker wie zum Beispiel »Pippi Langstrumpf« von Astrid Lindgren.

ausbrüche wecken dagegen den Zorn der anderen …

Die Standardworte Ihres Kindes sind jetzt wahrscheinlich »Nein« und »Das kann ich selbst«. Die Zeit von zweieinhalb bis vier Jahren wird als Autonomiealter bezeichnet. Selbst ein Kind, das bisher folgsam und angepasst war, widersetzt sich jetzt elterlichen Anweisungen. Es entwickelt sich zum Nein-Sager und besteht darauf, notfalls verstärkt durch Wutausbrüche und Trampeln der Füße, seinen eigenen Willen durchzusetzen. Grund für dieses Verhalten ist die Entwicklung seines Ich- oder Selbstbewusstseins. Ihr Kind probiert aus, ob und mit welchen Mitteln es etwas erreichen kann. Es hat sozusagen einen natürlichen Durchsetzungs- und Geltungsdrang und ein starkes Streben nach Unabhängigkeit. Es möchte sich innerhalb der Familie und in Gruppen mit anderen Kindern beweisen und behaupten. Dazu braucht es in dieser Phase unbedingt Gelegenheit – und Sie als Eltern viel Feingefühl.

Täglicher Kampf: Wo sind die Grenzen?

Das fünfte bis siebte Lebensjahr

Die Phase des unbegründeten Widerstandes geht nun bei den meisten Kindern langsam zu Ende. Ihre elterlichen Wünsche und Anforderungen stoßen jetzt also nicht mehr ausschließlich auf Widerspruch. Ihr Kind ist verständiger und versöhnlicher geworden.

Ihr Kind wird gelassener

Die motorische Entwicklung

Zwischen dem sechsten und siebten Lebensjahr verändert sich auch das äußere Erscheinungsbild Ihres Kindes. Es schießt in die Höhe, Arme und Beine werden länger, das kleinkindhafte, etwas gedrungene Bild verliert sich, und die ersten Milchzähne fallen aus. In dieser Zeit der körperlichen Veränderung, die bis zu einem Jahr dauert, schwankt Ihr Kind häufig zwischen vitalem Übermut mit überschießender Kraft und Passivität.

Der Bewegungsdrang erfährt noch einmal einen gewaltigen Schub, so dass er sich häufig durch besondere Zappeligkeit und Balgereien bemerkbar macht. Die Kinder wollen jetzt ständig etwas erleben, am liebsten aufregende Abenteuer. Ihr Tatendrang ist kaum zu bremsen, und auch ihren Bewegungsradius wollen sie jetzt ausdehnen.

Für jedes Abenteuer zu begeistern

Geistige und sprachliche Entwicklung

Alle geistigen Funktionen Ihres Kindes arbeiten jetzt auf Hochtouren. Es kann denken, sich erinnern, Fantasien entwickeln, seinen Willen lenken und lernt, immer besser mit seinen Antrieben und Gefühlen umzugehen. Ihr Kind entwickelt jetzt ein relativ gutes Zeitgefühl. Der Grundstock an Kenntnissen und Fertigkeiten für die Anforderungen des Schullebens ist gelegt. Ihr Kind strebt danach, etwas zu leisten. Es möchte endlich zur Schule, möchte dort etwas lernen und dafür gelobt oder belohnt werden. Ob das Aufpassen auf einen jüngeren Bruder oder der Bau einer Kanalanlage in der Sandkiste – Ihr Kind begreift das als seine Arbeit.

Ob im Kindergarten, im Haushalt oder im Garten – Ihr Kind möchte selbst etwas tun und sich am Ergebnis freuen.

Inzwischen führt Ihr Sprössling wahrscheinlich richtige Dialoge und kann auf Nachfragen präzise Antworten geben. Im siebten Lebensjahr beherrscht er etwa 24 000 Wörter passiv und 5000 aktiv.

Ihr Kind nimmt sich jetzt endgültig als eigenständige Person wahr und hat ein Bewusstsein für seine eigene Existenz entwickelt. Es beginnt logisch zu denken, Zusammenhänge zu erkennen und verschiedene Elemente des Wissens miteinander zu verknüpfen. Ausdauer, Konzentrations- und Wahrnehmungsfähigkeit sind jetzt gut entwickelt. Genauigkeit und Sorgfalt beginnen eine Rolle zu spielen.

Ihr Kind kann sich hingebungsvoll und ausdauernd – manchmal bis zu drei Stunden lang – mit einer Sache beschäftigen, wenn sie interessant genug ist. Und es entwickelt einen Sinn für Regeln. So fällt es ihm jetzt, wo es den Sinn von Regeln nachvollziehen kann, auch leichter, Regeln zu befolgen.

Auf dem Weg zum Schulkind

Soziale Entwicklung

Das Zusammenspiel der Kinder bekommt in diesem Alter eine neue Qualität. Sie spielen jetzt auch in größeren Gruppen miteinander, erfinden ihre eigenen Regeln und kontrollieren deren Einhaltung selbstständig. Rollenspiele erfreuen sich großer Beliebtheit.

Das Gefühlsleben kleiner Leute bezieht sich nicht mehr nur auf die eigene Person, sondern auch auf die Familie und Freunde. Ihr Kind kann Mitgefühl entwickeln und andere trösten, sich mit ihnen freuen oder leiden. Die egoistische Haltung des Kleinkindes verliert sich allmählich. Das werden Sie auch als Eltern spüren. Ihr Kind wird Ihnen seine Zuneigung nun wieder deutlich zeigen – wenn auch nicht unbedingt in der Öffentlichkeit!

Lass dich in den Arm nehmen ...

Auch wenn das Spiel immer noch im Vordergrund steht, möchte Ihr Kind jetzt trotzdem auch schon kleine Aufgaben selbstständig erledigen. Es will Verantwortung tragen und braucht Lob und Anerkennung für gelungene Leistungen. Das stärkt sein Selbstbewusstsein ungeheuer.

WICHTIG

Darauf kommt's im Alter zwischen 5 und 7 Jahren besonders an

● Gehen Sie rücksichts- und verständnisvoll mit den Gefühlsschwankungen Ihres Kindes um und stellen Sie nicht zu hohe Anforderungen.

● Der Umgang mit kleinen Leuten kann in diesem Alter vorübergehend wieder etwas schwieriger werden. Denken Sie daran, dass Ihr Kind sich gerade in einer körperlichen wie seelischen Umbruchsphase befindet. Es benötigt jetzt viel Aufmerksamkeit und Zuwendung, gleichzeitig aber auch immer neue geistige und körperliche Entwicklungsanreize und Herausforderungen.

● Sollte Ihr Kind beim Sprechen noch grammatische Fehler machen, wiederholen Sie den Satz richtig. So prägt sich die richtige Grammatik ein, ohne dass Sie Ihren Sprössling verbessern.

Was Kinder wirklich brauchen

Viele Eltern fühlen sich heute überrollt von einer Fülle an Anforderungen und Vorschriften – und fragen sich nicht selten verunsichert: Was ist denn nun wirklich wichtig für unsere Kinder? Aber so viel ist es im Grunde gar nicht, was ein Kind braucht. Die zehn wichtigsten Punkte haben wir Ihnen zusammengestellt. Damit Kinder glücklich sind – und Sie als Eltern sicher sein können, dass Sie auf dem richtigen Weg sind.

1. Kinder brauchen die uneingeschränkte Liebe der Bezugspersonen.

Sie müssen die Erfahrung machen, dass ihre Eltern uneingeschränkt zu ihnen stehen. Auch wenn Sie einzelne Verhaltensweisen Ihres Kindes ablehnen, muss es wissen: Das tut Mamas und Papas Liebe zu mir keinen Abbruch. Drücken Sie Ihre Enttäuschung darüber aus, dass Ihr Sohn das nagelneue Dreirad zu Schrott gefahren hat. Kritisieren Sie auch, aber mit Bedacht: »Mir gefällt nicht, dass du deinen kleinen Bruder geschlagen hast«, statt: »Du bist ein böses kleines Mädchen, du schlägst deinen Bruder.« Nutzen Sie auch jede Gelegenheit, Ihrem Kind immer wieder zu zeigen und zu sagen: »Ich habe dich sehr lieb.«

Wichtig wie die Luft zum Atmen: Liebe

2. Kinder brauchen stabile Bindungen.

Sie brauchen Schutz, Geborgenheit, Nähe, Trost – und Eltern, die ihnen das geben. Enttäuschen Sie Ihr Kind nicht. Wenn Sie sein Bedürfnis nach Bindung missachten, reagiert es mit Angst und Verunsicherung. Ihr Kind muss wissen: »Ich kann mich hundertprozentig auf meine Eltern verlassen. Sie sind immer für mich da.« Nehmen Sie Ihr Kind in den Arm, trösten Sie es, wenn etwas schief gelaufen ist, statt zu schimpfen. Ermutigen Sie es, eigene Erfahrungen zu machen.

3. Kinder brauchen die Chance, sich in dieser Welt einzuquartieren.

Es gibt nichts auf der Welt, was für Kinder nicht von Interesse wäre: Sie wollen Räume entdecken, herausbekommen, wie ein Popel schmeckt und ob das Glas kaputtgeht, wenn es auf den Steinfußboden fällt. Sie wollen selbst ausprobieren, ob sie die Treppe schon allein hinaufgehen können, und das Risiko eingehen, beim Einschenken der Milch etwas zu verschütten. Besorgte und vorschnelle Eltern verhindern häufig,

Probieren geht jetzt über Studieren

dass Kinder eigene Erfahrungen sammeln können. Doch auch wenn
Sie tausendmal sagen, dass die Herdplatte heiß ist und nicht angefasst
werden darf – Ihr Kind begreift es erst, wenn es die Hitze selbst an den
Fingern spürt. Geben Sie ihm Gelegenheit, die Welt zu entdecken und
seinen Platz darin zu finden. Das gelingt ihm allein durch selbstständi-
ge Interaktion mit Dingen und Menschen. Greifen Sie nur ein, wenn
wirklich Gefahr droht, die Ihr Kind noch nicht überblicken kann.

4. Kinder brauchen Entwicklungschancen – und Verständnis.

Kinder sind aktive Wesen, die ihre Entwicklungschancen von sich aus
nutzen. Sie suchen sich selbst aus, welche Erfahrungen sie machen
möchten, und brauchen Erwachsene, die ihnen eine breite Palette an
Erfahrungsmöglichkeiten und Erlebnissen anbieten: einen Besuch im

Entdecken,
Neues erfah-
ren, den
Dingen auf
den Grund
gehen ...

Tierpark, Waldspaziergänge, eine Nachtwanderung, Sandburgen bau-
en, Höhlen konstruieren und Indianerspiele. Kinder brauchen intellektuelle Anreize, wie Bücher, Gespräche, Rollenspiele, Theater- und Ki-
nobesuche. Sie benötigen Material, um sich kreativ betätigen zu können: Papier, Klebstoff, Stifte, Schere, alte Zeitungen ... Und sie möchten die Möglichkeit haben, zu forschen und zu experimentieren: eine
Uhr auseinander nehmen, auf einer alten Schreibmaschine tippen, mit
einer Waage hantieren, Blumen und Pflanzen züchten und säen ...
Kinder bestimmen in der Regel selbst, was sie annehmen und was
nicht. Und sie holen Versäumtes, vor allem intellektuelle Defizite, wieder auf – vorausgesetzt, sie haben als Basis eine stabile Bindung zu
ihren Eltern.

5. Kinder brauchen das Spiel mit anderen Kindern.

Besonders intensive emotionale und soziale Erfahrungen machen kleine Leute im Umgang miteinander. Ermöglichen Sie
Ihrem Kind diese Erfahrung. Es erfährt dabei
sehr viel über sich selbst und andere. Es lernt
soziale Kontakte zu pflegen, Regen einzuhalten, Rücksicht zu nehmen, Toleranz zu
üben, Konflikte zu regeln, sich mit anderen abzustimmen und sich durchzusetzen. Und es erlebt Freundschaft und
verschiedene Rollen und Beziehungen,
die über das Familienleben hinausge-
hen und Eigeninitiative erfordern

Streiten,
versöhnen,
miteinander
auskommen
– im Spiel
lernt Ihr
Kind Bezie-
hungen zu
anderen ein-
zugehen.

6. Kinder brauchen konsequente Eltern.

Kinder und Erwachsene lernen wechselseitig voneinander. Wenn Paul erfährt, dass er nur lange genug schreien muss, um seinen Willen zu bekommen, dann hat er etwas Wichtiges für sein Leben gelernt, das immer wieder Anwendung finden wird. Weiß Paul allerdings, dass »Nein« auch »Nein« bedeutet, wird er sich auf Dauer Wutausbrüche ersparen, weil sie zu nichts führen. Aber auch Pauls Mutter macht vielleicht immer wieder einen entscheidenden Fehler: Sie droht, schimpft und schreit, schlägt vielleicht sogar. Paul lernt: Erst wenn Mama schreit, meint sie es wirklich ernst. Solange sie »nur« redet, muss ich nicht reagieren. Passieren solche Situationen ein- bis zweimal im Jahr, ist das nicht dramatisch. Ist dieses Verhalten allerdings typisch, wiederholt es sich ständig, ist Gefahr im Verzug.

Konsequentes Handeln erspart oft Quengelstress

Kinder brauchen geradlinige Eltern, die nicht ständig zaudern und zögern, sondern konsequent handeln. Die nicht ständig hin und her schwanken, heute etwas verbieten, morgen etwas durchgehen lassren, weil sie keine Lust auf Auseinandersetzungen haben, sondern klar sagen, was sie erwarten. Nur so wissen Kinder sicher, woran sie sind.

7. Kinder brauchen viele Momente ungeteilter Aufmerksamkeit.

Wenn Sie sich Ihrem Kind widmen, sollten Sie es auch mit Ihrer ganzen Energie tun. Es benötigt Ihre ganze Aufmerksamkeit. Ihr Kind muss wissen: »Mama hört mir wirklich zu, sie interessiert sich für die Dinge, die ich tue und die mir wichtig sind. Sie kennt meine Freunde und weiß, was ich gern spiele. Sie fragt auch neugierig nach und merkt sich die Dinge, die mir wichtig sind.« Kinder spüren ganz genau, wenn die Aufmerksamkeit nur oberflächlich oder nur gespielt ist. Sie fühlen sich dann nicht ernst genommen und sind verletzt. Ihr Selbstwertgefühl wird ins Wanken gebracht. Fragen Sie Ihr Kind jeden Tag nach seinen Erlebnissen im Kindergarten und mit Freunden. Unterhalten Sie sich über seine Lieblingsspiele. Verbringen Sie Zeit mit Ihrem Kind: Spielen, kuscheln, erzählen und lesen Sie vor. Sie müssen sich nicht stundenlang mit Ihrem Kind beschäftigen, es strebt ja auch nach Autonomie. Trotzdem liebt es die innigen Momente, in denen es Vater oder Mutter ganz für sich allein hat.

Achten Sie im Alltag immer wieder darauf, wie sich Ihr Kind fühlt, was es froh oder traurig macht.

Rituale geben Kindern Halt und Geborgenheit im Alltag.

8. Kinder brauchen Beständigkeit.

Beständigkeit bedeutet, dass es Regeln gibt, die nur im Notfall umgestoßen werden. Und dass Regelverletzungen Konsequenzen zur Folge haben. Beständigkeit bedeutet aber auch, dass der Tagesablauf geregelt ist, jeder Tag eine wiederkehrende, verlässliche Struktur hat. Dass die Mahlzeiten regelmäßig, möglichst zum gleichen Zeitpunkt stattfinden, dass es feste Zubettgeh-Zeiten gibt, dass die Familie ihre eigenen Rituale hat und dass Verabredungen und Versprechungen eingehalten werden.

9. Kinder brauchen Liebe, Lob und Anerkennung.

Begreifen Sie Ihr Kind ganz bewusst als Geschenk. In schwierigen Zeiten gelingt es Ihnen dann besser, Ihrem Kind mit Wärme und Zuneigung zu begegnen. Liebe ist der Grundpfeiler jeder Erziehung. Kinder müssen sich der Liebe ihrer Eltern sicher sein, um sich entwickeln zu können. Sie müssen wissen: »Mama und Papa mögen mich so, wie ich bin. Sie lieben mich, aber ihre Liebe erdrückt mich nicht.« Liebe drückt sich durch Zärtlichkeit, Körperkontakt und Gesten aus. Durch Worte, Lob und Anerkennung – und durch das Setzen klarer Grenzen.

10. Kinder brauchen Grenzen

Liebe zeigt sich auch in sinnvollen Regeln

»Weil ich dich liebe, werde ich dich jetzt nicht allein über diese verkehrsreiche Straße laufen lassen.« Und: »Weil ich auch deinen Bruder liebe, lasse ich nicht zu, dass du ihn schlägst.« Mit ihrem Verstand können kleine Kinder bis sieben Jahre noch nicht selbstständig entscheiden, wie weit sie in verschiedenen Lebensbereichen gehen können. Sie als Eltern müssen Ihrem Kind deshalb zunächst in grundlegenden Angelegenheiten klare Grenzen setzen, die nicht verhandelbar sind. Im Laufe der Zeit passen Sie diese Grenzen natürlich immer wieder dem Alter Ihres Kindes an.

TIPP!

Und auch das ist wichtig ...

▶ **Fördern Sie den ehrlichen Dialog und treffen Sie gemeinsam Entscheidungen.**
Es ist wichtig, dass Sie so früh wie möglich den Dialog mit Ihrem Kind einüben. Lösen Sie Probleme nicht für Ihr Kind, sondern mit ihm. Wenn Sie Entscheidungen allein treffen müssen, erklären Sie Ihre Handlungsweisen und fragen Sie Ihr Kind, warum es in bestimmten Situationen so und nicht anders reagiert. Machen Sie Ihre Erziehung »durchsichtig«. Ihr Kind muss wissen, dass Sie nichts hinter seinem Rücken tun. So lernt es durch Ihr Vorbild, selbst offen und ehrlich zu sein. Und Ihr Kind kann auch nach und nach Entscheidungen allein treffen. So lernt es, für sein Handeln Verantwortung zu übernehmen. »Ich habe dir drei verschiedene Pullover rausgelegt. Such dir bitte einen aus.« Grenzen Sie die Entscheidungsmöglichkeit aber mit einem überschaubaren Angebot ein. Sonst überfordern Sie Ihr Kind.
▶ **Seien Sie kreativ und folgen Sie Ihrer Intuition.**
Sie kennen Ihr Kind besser als jeder andere Mensch auf dieser Welt. Sie erleben es jeden Tag und wissen, wie es in welchen Situationen reagiert. Kein Erziehungsratgeber und kein Verwandter kennt Ihr Kind so gut wie Sie selbst. Vertrauen Sie Ihren Fähigkeiten und Ihrer Intuition. Sie allein sind Experte für Ihr Kind. Und es gibt auch keine allgemein gültigen Patentrezepte für den Umgang mit Kindern – lediglich hilfreiche Tipps, die auszuprobieren sich lohnt. Seien Sie kreativ: Fordern Sie Ihr Kind auf, seine ganze Wut laut herauszuschreien. Überraschen Sie es mit einem kleinen Geschenk, wenn es schlechte Laune hat. Erziehung muss immer ganz individuell Ihrem Kind entsprechen.
▶ **Beobachten und zählen Sie.**
Manchmal schätzen wir Situationen einfach falsch ein, bewerten sie über. Beobachten Sie, was Sie im Alltag wirklich so wütend macht. Räumt Ihr Kind tatsächlich nie auf, oder geben Sie ihm nicht genug Zeit? Mäkelt Ihre Tochter tatsächlich ständig am Essen herum oder nur, wenn es Eintopfgerichte gibt? Zählen Sie, wie oft sich Verhaltensweisen, die Sie nicht schätzen, tatsächlich zeigen.
▶ **Geben Sie immer klare Anweisungen.**
Ihr Kind darf keinen Zweifel daran haben, was Sie genau von ihm wollen. Wenn Sie sagen: »Du isst wie ein Ferkel«, weiß Ihr Kind zwar, dass Sie sich über seine Art zu essen ärgern, aber nicht, was Sie von ihm erwarten. Besser wäre: »Ich möchte, dass du Messer und Gabel zum Essen benutzt«, oder: »Wisch dir den Mund mit deiner Serviette ab.«
▶ **Vergessen Sie den Spaß nicht.**
Schaffen Sie Gelegenheiten, in denen die Familie gemeinsam viel Spaß hat und lachen kann. Achten Sie ganz bewusst darauf, dass es jeden Tag mindestens eine Situation gibt, die Sie zusammen genießen: Spielen Sie ein Spiel, erzählen Sie sich witzige Geschichten, schauen Sie sich gemeinsam einen kurzen lustigen Fernsehfilm an, überlegen Sie, was spaßig und toll an diesem Tag war. Betonen Sie die Dinge, die gut laufen.

Was tun, wenn es trotzdem mal »brennt«?

Sollte sich trotz aller guten Vorsätze wieder einmal Alltagsärger zusammenbrauen und Ihr Familienleben stören, verzweifeln Sie nicht gleich. Sicher, wenn ständig die gleichen Probleme auftreten, kostet das Kraft und Nerven – und beides haben Eltern nicht unbegrenzt zur Verfügung. Lassen Sie sich trotzdem nicht zermürben und verunsichern. Packen Sie Ihre Probleme an. Im Erziehungs-ABC auf den folgenden Seiten finden Sie zahlreiche Denkanstöße und Anregungen für die häufigsten Erziehungsprobleme:

▶ Sie erfahren, welche Ursachen hinter Ihrem Alltagsärger stecken können und wie er im Zusammenhang mit der Entwicklung Ihres Kindes einzuordnen ist.

▶ Wir gehen bei allen Tipps von Situationen mit unseren eigenen und anderen Kindern und Familien aus, die ähnliche Situationen erlebt haben, um Ihnen zu zeigen, dass Sie mit Erziehungsproblemen keineswegs allein dastehen.

▶ Wir bitten Sie an manchen Stellen, »die Hand aufs Herz zu legen« und einmal Ihre eigenen Verhaltensweisen zu überdenken. Schließlich kommt es oft vor, dass Eltern ihre Kinder für etwas tadeln, was sie ihnen selbst durch ihr Vorbild beigebracht haben. Und vielleicht werden Sie an manchen Stellen schmunzeln, weil Sie sich wieder erkennen.

▶ Sie finden zahlreiche praktische Tipps und Lösungsmöglichkeiten, um mit schwierigen Situationen im Familienalltag fertig zu werden. Einige werden Ihnen entsprechen, andere vielleicht weniger. Prüfen Sie selbst, welche für Sie, Ihre Familie und Ihr Kind die richtigen sein könnten.

WICHTIG
Mut zum eigenen Weg

In diesem Buch finden Sie zahlreiche Ideen und Anregungen, wie Sie Ihre persönlichen Probleme anpacken können. Daraus sollten Sie dann Ihren ganz eigenen Weg wählen. Denn er muss zu Ihnen passen, voll und ganz. Sie allein entscheiden, wie Sie Ihr Kind erziehen wollen. Und diese Entscheidung kann Ihnen niemand abnehmen. Denn Sie sollten die Verantwortung für Ihr Handeln und den Umgang mit Ihrem Kind mit einem guten Gefühl selbst tragen können. Das ist eine große, spannende und immer wieder neue Herausforderung für Eltern. Nur Mut: Sie werden merken, dass sich stressige Situationen oft schon durch Kleinigkeiten schnell entspannen lassen. Versuchen Sie es!

Erziehung von A bis Z

Ständig Angst, andauernd Tobsuchtsanfälle und Trotz- attacken, allabendlicher Stress beim Aufräumen oder Schla- fengehen – alle Eltern fragen sich ab und an ratlos: Was ma- chen wir nur falsch? Ist unser Kind besonders anstrengend, frech, verzogen – oder doch ganz normal?

Meist ist das Verhalten der Kinder wirklich »ganz normal anstrengend«. Und oft kann man eine Situation schon entschärfen, wenn man weiß, warum das Kind eben jetzt so reagiert.

In diesem Kapitel finden Sie – von A bis Z geordnet – wichtige Informationen und praktikable Tipps zu den häufigsten Erziehungsproblemen, die Ihnen helfen, Ihren Familien- alltag für alle entspannter und schöner zu machen.

Angst:
Hilfe, Monster!

Lukas (3 Jahre alt) ist plötzlich ganz schrecklich ängstlich: Er will seit ein paar Tagen nicht mehr in den Kindergarten gehen, und auf den Spielplatz kann ihn seine Mutter auch nicht mehr allein schicken, obwohl der direkt vor der Haustür ist. Woher kommt nur diese Angst?

Letzte Woche hat die Mama Lukas 20 Minuten später als sonst vom Kindergarten abgeholt. Kleine Kinder haben noch ein viel diffuseres Zeitempfinden als Erwachsene – für Lukas waren diese 20 Minuten furchtbar. Er hatte Angst, von seiner Mutter verlassen worden zu sein. Er war noch nicht lange genug in der Tagesstätte, um zu wissen: Mama kommt immer. Nun traut Lukas sich nicht mehr von Mamas Seite. Er muss erst wieder Vertrauen in ihre Verlässlichkeit gewinnen.

Auch Kleinigkeiten können Furcht auslösen

Es gibt viele Ängste

Lukas zeigt Trennungs- und Verlustängste, weil er eine schlechte Erfahrung gemacht hat. Wir kennen aber auch andere Ängste: Angst vor Fremden, dem Unbekannten, vor Dunkelheit, Strafe, schlechten Träumen, vor Krankheit und Tod – und viele andere Ängste mehr. Die Angst gehört zu unserem Leben und zu manchen Lebensphasen. Sie ist manchmal ganz realistisch – wie die Angst, beim Balancieren von der Stange zu fallen – oder völlig unrealistisch, wie die Angst vor bösen Monstern, die nachts ins Zimmer kommen.

Angst schützt oft vor Gefahren

Angst kann ein schrecklicher, aber auch ein hilfreicher Begleiter sein. Bevor Sie versuchen, Ihr Kind von Ängsten zu befreien, denken Sie daran, dass Angst auch vor Gefahren schützt, denn viele Ängste sind durchaus sinnvoll: Dass wir Angst davor haben, die Hand in den Käfig des Tigers

WICHTIG
Mögliche Signale: So erkennen Sie, dass Ihr Kind Angst hat

- Die positive Grundstimmung Ihres Kindes ist plötzlich verschwunden.
- Ihr Kind klagt über Bauchweh, Kopfschmerzen und/oder Übelkeit.
- Es reagiert häufig aggressiv, was ein Zeichen von Unsicherheit sein kann.
- Ihr Kind nässt plötzlich wieder ein, hat Schlafstörungen, stottert, lehnt es ab, mit anderen Kindern zu spielen.

zu stecken, auf den höchsten Baum im Garten zu klettern oder blindlings über die verkehrsreiche Straße zu laufen, ist durchaus sinnvoll. Mit anderen Ängsten kann man umgehen lernen. Helfen Sie Ihrem Kind dabei.

So packen Sie's an

Ängsten vorbeugen: hilfreiche Grundregeln

Ihr Kind braucht Sicherheit

▶ Kinder unter 5 Jahren können Angst noch nicht begreifen. Es nützt deshalb gar nichts, wenn Sie immer wieder beteuern: »Du musst keine Angst haben, ich bin ganz sicher da, wenn die Kirchturmuhr schlägt.« Sie müssen Ihrem Kind das zuverlässig beweisen – also handeln statt reden.
▶ Gehen Sie stets auf die Ängste Ihres Kindes ein. Fragen Sie nach, versuchen Sie die Ursachen für die Angst herauszufinden.
▶ Machen Sie sich nicht lustig. Sparen Sie sich Bemerkungen wie: »Sei nicht albern, es gibt keine Monster!«
▶ Machen Sie deutlich, dass auch Sie Ängste kennen.

Die Angst besiegen

▶ Reden Sie Ihrem Kind die Angst nicht aus. Bieten Sie ihm stattdessen Hilfe bei der Bewältigung an. So könnte bei Angst vor Dunkelheit die Abmachung helfen: »Wir können die Tür zu deinem Zimmer offen lassen, dann musst du keine Angst vor Monstern haben«.
▶ Treffen Sie mit Ihrem Kind klare Abmachungen: »Falls du wieder Angst bekommst, kannst du zu mir kommen!«

Lesen Sie hierzu auch:
● Bettnässen, S. 32
● Kindergartenstart, S. 58
● Klammern, S. 60
● Schlafen gehen, S. 85
● Schüchternheit, S. 93
● Verhaltensauffällig, S. 118

Viele Kinder kennen die Angst vor Dunkelheit und Gespenstischem.

Aufräumen:
Immer dieses Chaos!

Jeden Tag der gleiche Ärger: Im Kinderzimmer sieht es aus, als hätte eine Bombe eingeschlagen. Muss das eigentlich sein? Die meisten Kinder räumen einfach nicht gern auf. Das ist nicht verwunderlich – wer mag das schon? Außerdem ist Ordnung ein Begriff, der von jedem Menschen anders interpretiert wird – sicher auch innerhalb Ihrer Familie. Gerade kleine Kinder benötigen jedoch eine gewisse Ordnung und Übersichtlichkeit – das hilft ihnen, sich zu orientieren. Trainieren Sie das Aufräumen mit Ihrem Kind: Wer in seinem Lebensumfeld Ordnung halten kann, schafft es später auch, die Gedanken im Kopf zu sortieren. Kompromisse muss es dort geben, wo Ordnungsvorschriften das kindliche Spiel massiv beeinträchtigen: Wer gerade eine fantastische Landschaft aus Bausteinen errichtet, kann nicht alles wieder zerstören, nur weil es Essen gibt. Überlegen Sie deshalb bei großen Spielprojekten schon vorher, wo das Bauwerk oder das große Gemälde für eine Weile stehen bleiben kann.

Einfache Regeln schaffen Struktur

Ihr Kind sollte aber auch lernen, Ihren Anspruch auf Ordnung zu respektieren: Das Wohnzimmer ist der Raum der Eltern. Hier dürfen die Großen bestimmen, wie es aussieht.

So packen Sie's an

Dem Chaos vorbeugen: hilfreiche Grundregeln

▶ Alles, was benutzt wurde, wird wieder an seinen Platz gebracht. Und das gilt für jedes Familienmitglied.

▶ Gewöhnen Sie Ihr Kind frühzeitig daran, dass täglich zu einer bestimmten Zeit aufgeräumt wird, etwa jeden Abend.

Finden Sie gemeinsam mit Ihrem Kind die Balance zwischen Ordnung und Lässigkeit.

► Achten Sie darauf, dass Sie nicht ständig hinter allen herräumen. Mütter sind nicht die Familienaufräumer vom Dienst!

► Es ist sinnvoll, einen Chaos-Freiraum einzurichten, der für elterliche Einmischung tabu ist. Das kann eine Ecke im Kinderzimmer sein, ein Holzhäuschen im Garten oder eine Nische auf dem Dachboden.

Inseln für kleine Chaoten schaffen

So bekommen Sie das Chaos in den Griff

► Machen Sie Ihrem Kind das Aufräumen leicht, indem Sie daraus einen Spaß machen:
– Räumen Sie gemeinsam mit Ihrem Kind auf.
– Schaffen Sie große, bunte Kisten an, in die jeweils all das kommt, was zusammengehört: alle Autos, das ganze Puppengeschirr, die Bausteine …
– Entwickeln Sie eine Perspektive: »Wenn du aufgeräumt hast, dann haben wir noch Zeit für …«
– Bringen Sie Ordnung in Wohnzimmer oder Küche, während Ihr Kind das Kinderzimmer aufräumt: Wer ist zuerst fertig?

► Sagen Sie Ihrem Kind klar, was Sie erwarten, und kündigen Sie die Konsequenzen an, falls Ihre Erwartungen nicht erfüllt werden: »Wenn du dein Zimmer jetzt nicht aufräumst, haben wir nachher keine Zeit mehr, uns wie vorhin besprochen gemeinsam ein Buch anzuschauen.«

► Bleiben Sie konsequent. Lassen Sie sich nicht auf einen fragwürdigen Deal ein, der Ihrem Kind zeigt: »So ernst meint Mama das gar nicht!«

Tipps für den »Ernstfall«

► Erklären Sie Ihrem Kind, wie es Ihnen geht, wenn Sie immer wieder auf taube Ohren stoßen: »Ich werde ganz wütend, wenn ich alles dreimal sagen muss. Dazu habe ich keine Lust.«

► Betteln Sie Ihrem Kind nicht hinterher. Zur Not müssen Sie eben daneben stehen bleiben, bis Ihr Kind aufgeräumt hat. Tut es trotzdem nichts, sagen Sie ihm, dass Sie eine Kiste oder einen Sack holen, alles, was herumliegt, dort hineinräumen und die Sachen für ein paar Tage in den Keller oder auf den Dachboden bringen werden. Wahrscheinlich fängt Ihr Kind ganz schnell an, aufzuräumen. Falls nicht, sollten Sie Ihre Kistenaktion unbedingt durchziehen. Sie müssen es sicher nur ein einziges Mal tun …

Taten statt Worte: Unordnung »verschwinden« lassen

Lesen Sie hierzu auch:
● Egotrip, S. 40
● Einzelkinder, S. 44
● Hilfe im Haushalt, S. 54
● Machtkämpfe, S. 74
● Tyrannen, S. 108

Autofahrten: Zoff auf dem Rücksitz

»Wann sind wir endlich da?« Meist schallt diese Frage wenige Minuten nach Abfahrt das erste Mal durch den Wagen. Sofort leuchten beim Fahrer alle Alarmlampen auf: Denn jetzt beginnt wieder das Generve und Gezanke auf dem Rücksitz. Stundenlang angeschnallt still sitzen zu müssen ist für Kinder eine Qual. Aber nicht immer lassen sich Autofahrten vermeiden. Mit ein paar Tricks können Sie sie jedoch erträglicher gestalten.

Wenn der Stressteufel mitfährt

So packen Sie's an

Dem Fahrstress vorbeugen: hilfreiche Grundregeln

▶ Erklären Sie Ihrem Kind, wohin die Fahrt geht, so kann es sich darauf einstellen. Zum Supermarkt dauert es nur wenige Minuten. Wer Ferien am Meer machen möchte, muss einen ganzen Tag lang im Auto fahren.

Entspannt in die Ferien

▶ Planen Sie bei langen Touren ausgiebige Pausen ein. Etwas essen und sich im Freien bewegen – das tut nicht nur den Kids gut.

▶ Nutzen Sie bei kleinen Kindern gezielt Schlafzeiten. Ihr Kind träumt süß – und Sie kommen ungestört voran.

▶ Sorgen Sie für Proviant und Spielreserven: Essen, gefüllte Trinkflaschen und eine Spieltasche gehören dazu. Größere Kinder sollten selbst bestimmen, was sie gern dabeihaben möchten.

So bekommen Sie die Situation in den Griff

▶ Nehmen Sie Kassetten mit. Auch wenn Sie die Geschichte mit dem netten Elefanten schon auswendig kennen, Ihrem Kind verkürzt sie die Fahrt. Auch toll: Musik zum Mitsingen für alle.

▶ Leider haben die meisten Kindersitze keinen Tisch. Besitzen

Machen Sie Ihr Kind auf die Umgebung aufmerksam oder bieten Sie kleine Spiele an.

TIPP!

Langeweile spielend besiegen

● Ein tolles Spiel für alle Mitfahrer: »Ich packe meinen Koffer und nehme ... mit.« Jeder wiederholt die vorher genannten Gegenstände und fügt einen neuen hinzu.

● Bereiten Sie Würfelzettel vor: Zeichnen Sie an den Rand jeweils einen Würfel mit den Zahlen von eins bis sechs. Legen Sie fest, welche Zahl in einer Runde gewinnt, etwa die Drei. Nun mit einem Becher abwechselnd auf dem Tablett würfeln. Ergebnis auf dem Zettel anstreichen. Wer nach zehn Runden die meisten Dreier hat, ist Sieger.

● Mit Kindern ab 5 Jahren können Sie »Schere, Stein, Papier, Brunnen« spielen. Jeder ballt eine Hand zur Faust. Bis drei zählen, dann eine Figur formen: Zeige- und Mittelfinger wegstrecken = Schere, Faust = Stein, alle Finger ausstrecken = Papier, mit Daumen und Zeigefinger einen Kreis machen = Brunnen. Wer die »stärkere« Figur zeigt, hat gewonnen. Die Regeln: Schere schneidet Papier; Stein schleift Schere; Papier wickelt Stein ein; Stein und Schere fallen in den Brunnen; Papier deckt den Brunnen zu.

● Immer wieder beliebt: Automarken sammeln. Jeder entscheidet sich für seine Lieblingsmarke. Wer nach fünf Minuten die meisten Fahrzeuge davon gesehen hat, gewinnt.

● Betreiben Sie Verkehrserziehung. Erklären Sie, woran Sie vorbeikommen: Zebrastreifen, Ampeln, Verkehrsschilder. Nennen Sie einprägsame Regeln (Bei Rot bleib ich stehen, bei Grün darf ich gehen). Später können Sie Quizfragen dazu stellen.

● Trainieren Sie die Wahrnehmung. Lassen Sie Ihr Kind unterwegs alles, was blau ist, suchen. »Sammeln« Sie schwarze Autos oder Hunde.

● »Ich sehe was, was du nicht siehst« können Sie schon mit kleinen Kindern spielen. Wichtig: Der Rategegenstand sollte sich dabei im Auto befinden, damit er beim Fahren sichtbar bleibt.

Sie aus kinderlosen Zeiten noch ein Tablett zum Aufstellen fürs Frühstück im Bett? Nehmen Sie es bei längeren Fahrten mit. Darauf können kleine Mitfahrer wunderbar malen, würfeln und Mini-Puzzles zusammenfügen. ▶ Kopieren Sie Vorlagen für Mandalas zum Ausmalen. Das ist zwar nichts für holprige Strecken, aber eine wunderbare Beschäftigung für lange Autobahnfahrten.

Tipp für den »Ernstfall«

▶ Stoppen Sie, wenn es zu laut wird. Sagen Sie, dass Sie sich zum Autofahren konzentrieren müssen – und Ruhe brauchen. Fahren Sie erst weiter, wenn Ruhe herrscht.

Lesen Sie hierzu auch:
● Bewegung, S. 34
● Langeweile, S. 66
● Quengeln, S. 82

Konsequent stoppen, wenn es Ihnen zu laut wird

Bettnässen:
Keine Nacht trocken?

Es kommt öfter vor, als viele Eltern denken: Da war das Kind schon einmal völlig trocken – und plötzlich nässt es regelmäßig wieder ein. Nicht besonders schön, aber auch nicht unbedingt dramatisch. Oft ist das Problem nur vorübergehend.

Im Alter zwischen 2 und 4 Jahren beginnt Ihr Kind trocken zu werden. In dieser Zeit gibt es allerdings immer mal wieder Rückschläge. Manchmal steckt eine körperliche Ursache dahinter, wie zum Beispiel eine Blasenentzündung. Ob das der Fall ist, kann der Kinderarzt recht einfach feststellen. Aber auch seelische Probleme können der Grund für erneutes Einnässen sein (siehe Kasten unten links). Überlegen Sie genau, ob eine dieser Ursachen auf Ihr Kind zutreffen könnte. Liegen die Gründe für Sie nicht sichtbar auf der Hand, scheuen Sie sich nicht, eine Beratungsstelle aufzusuchen. Doch wahrscheinlich schaffen Sie es, das Problem ohne fremde Hilfe zu bewältigen.

Behutsam nach den Ursachen forschen

WICHTIG
Mögliche seelische Ursachen

● Könnte sich Ihr Kind vielleicht vernachlässigt fühlen? Bekommt es nicht genug Zuwendung oder Aufmerksamkeit?
● Fühlt es sich zurückgesetzt, weil ein neues Baby gekommen ist?
● Fühlt es sich überfordert, weil Sie zu hohe Erwartungen haben?
● Hat es Ängste? Gab es größere Veränderungen im Alltag oder stehen welche an (etwa ein Umzug)?
● Verhalten Sie selbst oder Ihr Partner sich häufig autoritär?

Ihr Kind ist hilflos

Denken Sie immer daran: Ihr Kind nässt auf keinen Fall absichtlich ein. Im Gegenteil! Meist befindet es sich in einem Teufelskreis: Es macht, ohne es zu wollen, das Bett oder die Hose nass. Nun glaubt es, die Eltern damit sehr zu enttäuschen, und nässt vor lauter Angst immer wieder ein. Das ist Ihrem Kind natürlich nicht bewusst. Und es ist auch noch viel zu jung, um diesen Zusammenhang zu begreifen und willentlich abzustellen. Das Einnässen signalisiert: »Ich bin hilflos und möchte umsorgt werden.« Ihr Kind braucht jetzt ganz besonders Ihre Hilfe.

So packen Sie's an

Hilfreiche Grundregeln

▶ Prüfen Sie, welche Ursache das Einnässen haben könnte (siehe linke Seite). Bedrückt Ihr Kind etwas? Ist es überfordert? Versuchen Sie, die Umstände abzustellen, die zum Einnässen geführt haben. Und geben Sie dem Kind eine Extraportion Zuwendung.

▶ Haben Sie gerade ein Baby bekommen (siehe auch Seite 42)? Beziehen Sie Ihr älteres Kind ein und widmen Sie ihm genug Zeit. Nehmen Sie Rückschritte Ihres großen Kindes in Kauf, wie etwa das Einnässen. Es wird sicher bald wieder aufhören. Gönnen Sie Ihrem großen Kind ruhig diese zweite Babyphase.

▶ Achten Sie darauf, dass Ihr Kind regelmäßig, vor allem vor der Nachtruhe, zur Toilette geht.

Ruhig bleiben und ohne Druck agieren

So bekommen Sie die Situation in den Griff

▶ Falls es Ihr Kind nicht überfordert, wecken Sie es in der Nacht noch einmal, damit es seine Blase entleeren kann. Denn auch Ihr Kind leidet unter dem Einnässen.

> **TIPP!**
>
> ## Hand aufs Herz
>
> ● Nehmen Sie sich genug Zeit für Ihr Kind, zeigen Sie deutlich, wie sehr Sie es lieben?
> ● Neigen Sie eher dazu, Fehler Ihres Kindes zu thematisieren, statt sich über Fortschritte zu freuen und zu loben?
> ● Nehmen Sie entlastende Gesprächsangebote von Freunden und Verwandten an? Manchmal hilft ein Erfahrungsaustausch.

▶ Ist Ihr Kind trocken geblieben, loben Sie es. Freuen Sie sich zusammen über den Erfolg.

▶ Nehmen Sie Ihr Kind, besonders nachdem es eingenässt hat, in den Arm und sagen Sie ihm: „Ich habe dich sehr lieb, daran ändert sich auch nichts, wenn das Bett oder die Hose nass ist. Wir bringen das gemeinsam in Ordnung, und irgendwann hast du es dann geschafft und bist trocken.«

Lesen Sie hierzu auch:
● Angst, S. 26
● Eifersucht, S. 42
● Geschwister, S. 50
● Schlafen gehen, S. 85

Ihr Kind braucht jetzt dringend Verständnis – und auf keinen Fall »Standpauken«.

Bewegung und Entspannung

Der moderne Kinderalltag: anstrengend, aber bewegungsarm

Sie sitzen stundenlang vor Fernseher, Video und Computer, werden mit dem Auto zum Kindergarten gefahren und spielen dort in viel zu engen Räumen brav am Tisch. Im Kinderzimmer zu Hause können sie nur sehr begrenzt mit Gleichaltrigen spielen und toben. Und auch auf der Straße geht das nicht. Der Aktionsradius vieler Kinder ist heute sehr klein. Der Alltag bietet kaum Möglichkeiten zum Laufen, Klettern und Hüpfen. Und das Kinderleben ist immer mehr »verinselt« (siehe Kasten unten).

Kein Wunder, dass Haltungsschäden, Herz-Kreislauf-Probleme, Wahrnehmungsstörungen, Hyperaktivität, Übergewicht und Konzentrationsschwäche bei unseren Kindern immer mehr um sich greifen. Das hat ernste Auswirkungen. Denn Bewegungshandlungen sind immer auch mit emotionalen, sozialen und kognitiven Aktivitäten verknüpft. Ein Mangel an Bewegung führt deshalb häufig dazu, dass Kinder sich nicht an die Anforderungen ihrer Umwelt anpassen können. Das aber kann schnell Verhaltensprobleme verursachen.

Bewegung ist Selbsterfahrung

Neugier, Bewegungsfreude und Lebenslust zulassen

Bewegung macht kleine Leute unabhängiger von Erwachsenen. Durch Bewegung lernen sie ihre Welt zu beherrschen. Ein gesundes Kind verfügt von Geburt an über den Drang, sich zu bewegen. Es kommt als unternehmungslustiges, neugieriges und aktives Wesen zur Welt. Ständig strebt es danach, sein Können zu erweitern, weil es unabhängig werden möchte. Durch Bewegung erfährt das Kind etwas über sich selbst – über seine Fähigkeiten und seine Grenzen. Körperliche Aktivität sagt Kindern auch etwas über ihre eigene Leistungsfähigkeit. Sie erfahren: Ich kann ausdauernd schwimmen, sicher balancieren,

---

TIPP!

Die beschnittene Freiheit

Von »Verinselung« spricht man, wenn Kinder an speziell für sie ausgewiesenen und hergerichteten Plätzen isoliert werden: dem Spielplatz, dem Verein, der Musik- oder der Spielgruppe … Sie spielen nicht mehr mit Kindern unterschiedlichen Alters und machen keine generationenübergreifenden Erfahrungen.

TIPP!

Hand aufs Herz

● Benutzen Sie die Treppe – oder lieber den Fahrstuhl? Wann haben Sie das letzte Mal Sport getrieben?

● Bringen Sie Ihr Kind jeden Tag zu Fuß oder per Fahrrad zur Kindertagesstätte – oder mit dem Auto?

● Wie viel Zeit verbringen Sie täglich vor dem Fernseher?

● Wann waren Sie das letzte Mal mit Ihrem Kind schwimmen, haben einen Familienausflug, einen gemeinsamen Spaziergang oder eine Radtour unternommen?

● Loben Sie Ihr Kind, wenn es sich bewegt und herumtobt? Oder tun Sie das eher, wenn es brav am Tisch sitzt und bastelt?

die kindliche Widerstandskraft. Kinder, die wenig Bewegungserfahrungen machen oder immer wieder Misserfolge erleben, werden zu richtigen Bewegungsmuffeln. Eines Tages glauben Sie von sich selbst, unsportlich zu sein – und unternehmen schon deshalb keinerlei Anstrengung mehr. Sie entwickeln, wie Experten sagen, ein negatives Selbstkonzept.

Selbstvertrauen und Körperbewusstsein stärken

So packen Sie's an

Hilfreiche Grundregeln

▶ Lassen Sie Ihren Sprössling einmal in der Woche (am besten in einem Verein) Sport treiben: Schwimmen, Judo und Ponyreiten sind auch schon bei kleinen Kindern beliebt und fördern das Selbstbewusstsein.

▶ Schaffen Sie einmal in der Woche ein erlebnisreiches Bewegungsangebot für die ganze Familie. Machen Sie einen spannenden Waldspaziergang, besuchen Sie den Trimmpfad, laden Sie Ihr Kind zu einer Paddeltour ein oder gehen Sie in den Zoo.

▶ Seien Sie Ihrem Kind ein aktives Vorbild. Fahren Sie zusammen Fahrrad, laufen Sie, spielen Sie Ball, turnen Sie gemeinsam. Das macht allen Spaß.

Ganz alltägliche Aktivitäten entwickeln

▶ Loben Sie Ihr Kind für körperliche Aktivität. Und regen Sie es an, sich draußen auszutoben, wenn es mal schlecht drauf ist.

schnell laufen. Oder: Wenn ich ganz achtsam bin, kann ich sicher klettern. Und: Julia ist stärker als ich, aber ich kann viel länger rennen als sie.

Bewegung tut aber nicht nur der Gesundheit gut. Sie bringt auch die Hirnzellen auf Trab. Setzen Sie Ihren Sprössling deshalb in Bewegung – jeden Tag. Übrigens: Für Kinder gibt es kein schlechtes Wetter – nur ungeeignete Kleidung. Sie lieben Sonne ebenso wie Wind, Regen und Schnee. Kinder entwickeln schnell ein Gespür für Kälte und Nässe und lernen, sich zu schützen. Und die Aktivität ist das Fundament für

Raus an die Luft – bei jedem Wetter

▶ Schaffen Sie Ihrem Kind möglichst viele Bewegungsmöglichkeiten: Eine Schaukel können Sie sogar drinnen im Türrahmen anbringen.

Spielideen und Tipps für einen »bewegten« Alltag

▶ Schatten jagen: Stellen Sie sich alle in die Sonne und schauen Sie, wie Ihre Schatten fallen. Nun wird einer zum Jäger bestimmt, die anderen laufen los. Der Jäger muss versuchen, den Schatten von einem der Mitspieler zu erwischen. Schafft er es, ist nun derjenige der Jäger, dessen Schatten gefangen wurde.

▶ Autobahn: Dieses Spiel eignet sich für drinnen und draußen: Stellen Sie sich vor, Sie sind auf einer Autobahn und jeder ist ein anderes Fahrzeug: ein Reisebus, ein Cabriolet, ein voll beladener Familienkombi, ein LKW. Nun geht es los: Alle fahren die Straße entlang. Dabei hat jedes Fahrzeug sein eigenes Tempo, kann aber auch mal beschleunigen, überholen oder abbremsen, weil der Fahrer vielleicht die Landschaft betrachten möchte.

Suchen Sie intensiv nach Möglichkeiten, Ihrem Kind bewegte Freiräume zu schaffen.

Die Balance zwischen Bewegung und Ruhe finden

Sorgen Sie nach dem Toben auch immer wieder für Ruhephasen. Super ist eine Hängematte zum Entspannen. Oder nehmen Sie Ihr Kind auf den Schoß und wiegen Sie es langsam hin und her. Vielleicht mag Ihr kleiner Sausewind sich auch ausgestreckt auf den Rücken oder Bauch legen und kurze Zeit ruhige Musik hören (etwa Meditationsmusik oder Klänge aus der Natur wie Meeresrauschen oder Wind). Oder Sie massieren ihm vorsichtig die Füße.

Auch Entspannung ist notwendig

Lesen Sie hierzu auch:
- Autofahrten, S. 30
  - Computer & Co., S. 37
    - Fernsehen, S. 46
    - Konzentrationsmangel, S. 64
- Unruhe, S. 115
  - Verhaltensauffällig, S. 118

Computer & Co.: Öfter mal abschalten!

Neben Fernseher und Videorecorder sind auch Computer aus unserem Alltag nicht mehr wegzudenken. Und es ist faszinierend zu beobachten, wie geschickt und selbstverständlich sich schon die Knirpse durch digitale Welten klicken.

Wissen frei Haus per PC und TV

Doch viele Eltern sind unsicher, ob man wirklich schon Vorschulkindern Experimente am Computer gestatten soll. Fest steht, dass Kinder, die von klein auf Zugang zu PCs haben, ganz spielerisch den Umgang mit moderner Technologie erlernen – das haben erste Projekte in Kindergärten gezeigt. Erwiesen ist auch, dass qualitativ hochwertige Computerspiele Reaktionsvermögen, Kombinationsfähigkeit, Konzentration, Ausdauer, Geschicklichkeit und Kreativität fördern können. Solche Software gibt es aber nur für »echte« PCs. Spielkonsolen, die am Fernseher angeschlossen werden, sind wirklich nur ein Zeitvertreib ohne großen Lerneffekt – ähnlich wie Gameboys. Auch bunte Kinder-Lerncomputer bringen nicht viel: Zwar sind sie auf den ersten Blick kostengünstiger. Sie werden aber schnell langweilig, und dann muss die größere Version her. Also: Investieren Sie besser gleich in einen »richtigen« PC – es muss ja keine Luxusversion sein. Oder lassen Sie Ihr Kind den Familiencomputer mit benutzen.

Gemeinsam lossurfen

Viel wichtiger als der Computer ist jedoch Ihre Unterstützung bei den ersten Schritten ins digitale Wunderland. Denn Vorschulkinder brauchen dabei dringend Eltern, die sie begleiten und ihnen helfen. Und natürlich klare Regeln und zeitliche Grenzen. Nur so lernen Kinder den verantwortungsvollen Umgang mit Technik. Und Sie verhindern, dass die Maus zum liebsten und einzigen Spielgefährten Ihres Kindes wird.

Erklären, begleiten, schützen: Lassen Sie Ihr Kind am Computer nicht allein.

TIPP!

Internet-Tipps für Kids

- www.blinde-kuh.de
Suchmaschine, Kinderpost
- www.kika.de
Kinderkanal-Homepage: Programm- und Hintergrundinfos, Wettbewerbe und mehr
- www.terzio.de/loewenzahn
Experimente, Bastelideen
- www.geo.de/geolino
Umwelt, Natur, Technik
- www.kidsville.de
Mitmachstadt
- www.autolernwerkstatt.de
Verkehrserziehung
- www.kinderlexikon.de
Wissenswertes von Kids für Kids
- www.internet-abc.de
Seite zum Einsteigen – für Eltern und Kinder gleichermaßen

So packen Sie's an

Hilfreiche Grundregeln

▶ Lassen Sie Ihr Kind anfangs auf keinen Fall allein. Erklären Sie, geben Sie Hilfestellung.

▶ Begrenzen Sie die Zeit vor dem Bildschirm. Vorschulkinder sollten nicht länger als eine halbe Stunde täglich vor dem Bildschirm sitzen, Sechs- und Siebenjährige höchstens eine Stunde. Wichtig: Berücksichtigen Sie dabei auch die Fernsehzeiten mit.

▶ Sorgen Sie für körperlichen Ausgleich: Ihr Kind sollte sich täglich wenigstens ebenso lange bewegen – am besten an der frischen Luft –, wie es vor dem Bildschirm sitzt. Und auch andere Spiele, Verabredungen mit anderen Kindern und Unternehmungen mit der Familie dürfen nicht zu kurz kommen.

Die richtige Auswahl treffen

▶ Nehmen Sie die Software unter die Lupe: Kaufen Sie nur gute Lernprogramme. Schön für Vorschulkinder ist Software, die mit spaßigen Spielen Wissen vermittelt. Da wird gemalt, konstruiert – und ganz nebenbei viel gelernt. Lassen Sie sich im Fachhandel beraten, laden Sie sich Demo-Versionen aus dem Internet herunter und tauschen Sie auch mit anderen Eltern.

▶ Spielen Sie ab und an mit. Ihre Kinder und Sie werden Spaß daran haben, zusammen am PC zu »arbeiten«. Das ist viel besser als passives Fernsehgucken!

▶ Wenn Ihr Kind 5 oder 6 Jahre alt ist, können Sie mit ihm auch im Internet surfen (siehe auch die Tipps im Kasten oben). Lassen Sie Ihr Kind aber auf keinen Fall allein ins Netz gehen.

Viel Computer-Spaß für wenig Geld

Lesen Sie hierzu auch:
- Bewegung, S. 34
- Fernsehen, S. 46

Draufgänger: »Süchtig« nach Gefahr!

Er klettert auf wackelnde Geländer, schaukelt im Stehen, ohne sich festzuhalten, saust mit dem Fahrrad steile Abhänge hinunter: Oliver (5 Jahre) ist ein Draufgänger, der weder Gefahr noch Angst kennt. Selbst Beulen und aufgeschürfte Knie vergisst er im Nu. Der Grund für das waghalsige Verhalten ist meist eine gestörte Sinneswahrnehmung des Kindes, oft empfindet es auch Schmerz weniger stark als andere – und stürzt sich in immer neue riskante Abenteuer. Für Sie als Eltern ist das sicher nicht leicht. Doch Ihr Kind in Watte zu packen ist keine Lösung, denn irgendwann würde es sich das nicht mehr gefallen lassen.

Kleine Abenteurer: ein Härtetest für Mama und Papa

So packen Sie's an

▶ Stecken Sie ganz klare Grenzen – und sorgen Sie konsequent dafür, dass diese nicht überschritten werden: »Du rollerst nur auf dem Hof, nicht weiter!«
▶ Verschieben Sie die Grenzen nach und nach. Je mehr Ihr Kind lernt, desto größer darf der Aktionsradius sein.
▶ Trainieren Sie das Verhalten in Gefahrensituationen, geben Sie Ihrem Kind Sicherheitsregeln: »Nicht die Rutschen hochlaufen«, oder: »Am Straßenrand immer anhalten.« Wichtig auch: Hinfallen und Abrollen üben.

Spiele als Herausforderung

▶ Sorgen Sie für »dosierte« Gefahren. Ausflüge in den Wald, an Teiche und Flüsse, ans Meer, auf Abenteuer- und Wasserspielplätze bieten Herausforderungen und Nervenkitzel. Gut auch: Turn- und Sportgruppen.
▶ Sorgen Sie für die Möglichkeit zum Auspowern – und für Pausen. Lassen Sie Ihr Kind kurze Zeit kräftig schaukeln, laufen, hüpfen, seilspringen. Stoppen Sie dann für einen Augenblick, lassen Sie es zur Ruhe kommen. So kann das Gehirn die starken Reize besser verarbeiten.
▶ Vermitteln Sie Ihrem Sprössling eine Vorstellung von seinem Körper. Zeichnen Sie zum Beispiel seine Umrisse auf einem großen Papier nach. Jetzt kann Ihr Kind sein Abbild ausmalen.

Für Bewegung und Entspannung sorgen

Lesen Sie hierzu auch:
● Bewegung, S. 34
● Verhaltensauffällig, S. 118

Egotrip: Alles meins!

Zum Mittag will Simon (4 Jahre) jeden Tag Nudeln mit Ketchup. Beim Einkauf verlangt er stets ein Schokoladenei. Bekommt er seinen Willen nicht, brüllt er so lange, bis die Eltern gehorchen. Simon ist auf dem Egotrip und hat Mama und Papa schon erfolgreich erzogen. Vielleicht ist er ein verwöhntes Kind, dessen Eltern eigene, unerfüllte Wünsche nun dem Sohn erfüllen. Oder sie haben es nur versäumt, ihrem kleinen Prinzen rechtzeitig Grenzen zu setzen. Vielleicht war Simon auch lange krank? Wie auch immer: Auf jeden Fall hat er früh begriffen, dass er nur mit dem Finger schnipsen muss, damit die Eltern alle Wünsche erfüllen.

Nach den Gründen für Egoismus suchen

Rücksichtnahme lernen

Bei Kindern wie Simon stimmen Denken, Fühlen und Wollen nicht überein. Sie haben noch nicht begriffen, dass sie selbst nicht der Nabel der Welt sind, sondern Teil einer Gruppe, der Familie, des Freundeskreises. Und das Leben in einer Gruppe erfordert eine gewisse Anpassung – und Rücksichtnahme auf andere. Im Alter zwischen drei und vier Jahren lernen Kinder langsam, sich in kleine Gruppen einzufügen und auch mal für andere zurückzustecken. Der kleine Mensch entwickelt sich vom egoistischen Baby zum sozialen Kleinkind. Die meisten Kinder, die auf Egotrip gehen, machen nur eine Phase der Selbstfindung durch. Spielkameraden und das Vorbild der eigenen Familie holen sie schnell auf den Teppich zurück. Kinder, die jedoch ein angeknackstes Selbstwertgefühl haben, überspielen dies oft durch ihren nachdrücklich zur Schau getragenen Egoismus. Sie sind zu Hause oft in der Verliererrolle, erleben sich in vielen Bereichen als Versager. Sie suchen nach Möglichkeiten, anderen zu imponieren, und tragen bei Unterlegenen ihre Macht zur Schau.

Oft nur ein Entwicklungsschritt

TIPP!

Hand aufs Herz

- Neigt in Ihrer Familie jemand zum Kommandieren?
- Dürfen in Ihrer Familie Schwächen gezeigt werden? Oder müssen alle funktionieren?
- Kennt Ihr Kind das Wort »Nein«? Oder geben Sie schnell auf, wenn es brüllt?

So packen Sie's an

Dem Egotrip vorbeugen: hilfreiche Grundregeln

▶ Stärken Sie das Selbstwertgefühl Ihres Kindes.

▶ Vermeiden Sie einen autoritären Erziehungsstil, werden Sie zum demokratischen Vorbild. Zeigen Sie Ihrem Kind im Alltag immer wieder, wie man teilt und Rücksicht nimmt.

▶ Machen Sie Ihrem Kind klar, dass jeder auch ab und zu einmal schwach sein darf. Und zeigen Sie auch Schwächen.

▶ Setzen Sie frühzeitig Grenzen: Es können nicht alle Wünsche erfüllt werden. Geben und Nehmen sollten sich die Waage halten.

▶ Vermitteln Sie Ihrem Kind eine positive Streitkultur. Besprechen Sie Konflikte offen innerhalb der Familie. So lernen kleine Leute, dass es bei Diskussionen keine Gewinner und Verlierer geben muss.

Gegenseitigen Respekt und Rücksichtnahme vorleben

▶ Heben Sie die Stärken Ihres Kindes hervor. Sorgen Sie dafür, dass niemand in der Familie es herabsetzt, aber auch nicht in eventuellen negativen Verhaltensweisen bestärkt.

Tipps für den »Ernstfall«

▶ Lassen Sie sich nicht auf Machtkämpfe ein. Besprechen Sie in Ruhe mit Ihrem Sprössling, was machbar ist und wo Sie nicht mit seinem Verhalten einverstanden sind. Zeigt sich Ihr Kind uneinsichtig, lassen Sie es einfach stehen.

▶ Ignorieren Sie Ihr Kind grundsätzlich total, wenn es schreit, aggressiv reagiert oder herumkommandiert.

Lesen Sie hierzu auch:
- Einzelkinder, S. 44
- Konsumrausch, S. 62
- Machtkämpfe, S. 74
- Tyrannen, S. 108

Auch teilen muss man lernen – am besten ganz nebenbei im Alltag.

Eifersucht:
Hab mich lieb!

Wer Angst hat, die Liebe eines Menschen zu verlieren, reagiert mit Eifersucht. Lina zum Beispiel hat einen kleinen Bruder bekommen. Bisher stand Lina im Mittelpunkt der Familie. Den kleinen Bruder empfindet sie als echte Bedrohung. Antons Mutter geht seit ein paar Wochen wieder arbeiten, und Neles Mutter hat einen neuen Freund. Lauter Gründe, eifersüchtig zu sein.

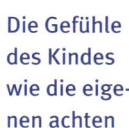

Manche Kinder zeigen ihre Eifersucht sehr deutlich – besonders, wenn sie Mama oder Papa plötzlich mit jemandem »teilen« sollen.

Hilferufe ernst nehmen

Zwischen dem 18. Lebensmonat und dem 3. Lebensjahr kommt es entwicklungsbedingt sehr häufig zu Eifersuchtsreaktionen. In dieser sensiblen Phase hat das Kind noch eine enge Bindung an seine Bezugsperson, meist die Mutter. Der Kindergartenstart oder die Betreuung durch eine fremde Person sind in dieser Zeit viel schwieriger zu bewältigen als vor dem 18. Lebensmonat. Hier müssen Sie als Eltern besonders sensibel und behutsam vorgehen. Erst im Laufe des dritten Lebensjahres beginnt das Kind, sich langsam von seiner Bezugsperson zu lösen. Es öffnet sich für andere Personen. Schenken Sie Ihrem Kind jetzt viel Zuwendung und helfen Sie ihm, sich schrittweise von Ihnen zu lösen. Gehen Sie wenn irgend möglich so lange mit in den Kindergarten, bis sich Ihr Kind dort absolut sicher fühlt. Laden Sie die neue Kinderfrau mehrmals zu Besuch ein, bevor sie mit Ihrem Kind allein bleibt. Geben Sie Ihrem Kind die Zeit, die es braucht.

Die Gefühle des Kindes wie die eigenen achten

WICHTIG

Mögliche Signale: Dahinter könnte Eifersucht stecken

● Manche Kinder greifen den vermeintlichen Rivalen offen an: Der kleine Bruder wird gekniffen, Mamas neuem Freund kräftig gegen das Schienbein getreten.

● Manchmal richten Kinder ihren Zorn gegen die Person, deren Liebe sie zu verlieren glauben. Oder sie tun, als wäre die Bedrohung gar nicht vorhanden, ignorieren etwa den neuen Partner der Mutter völlig.

● Ein Zeichen für Eifersucht kann auch sein, wenn ein Kind in frühere Entwicklungsstufen zurückfällt: Es nässt wieder ein, will einen Schnuller haben oder im Elternbett schlafen.

So packen Sie's an

▶ Beziehen Sie Ihr Kind mit ein, wenn Sie sich um ein anderes Familienmitglied kümmern.

▶ Appellieren Sie an die Hilfsbereitschaft Ihres Kindes: »Ich bin stolz darauf, dass du schon so gut mit anpacken kannst.«. Aber nutzen Sie seine Hilfsbereitschaft nicht aus.

▶ Bei Eifersucht auf einen neuen Partner widmen Sie Ihrem Kind mehr Zeit als sonst und erklären Sie ihm, dass die Liebe zu einem anderen Erwachsenen etwas ganz anderes ist als die zum Kind. Bitten Sie auch Ihren Partner – oder Ihre Partnerin – um viel Geduld. Achten Sie darauf, dass er oder

Aufmerksamkeit und Liebe machen Eifersucht klein

sie nicht Elternersatz spielt. Wenn Ihr Kind merkt, dass Ihre Liebe zu ihm durch die neue Partnerschaft eher stärker wird, lässt auch die Eifersucht nach.

Liebe gibt Sicherheit

▶ Ihr Kind benötigt jetzt besonders viel Zuwendung. Gehen Sie auf dieses Bedürfnis ein. Liefern Sie ihm den Beweis dafür, dass Sie es uneingeschränkt lieben.

▶ Sagen Sie ihm, unabhängig von seinem Verhalten und seinen Leistungen, immer wieder mal, dass Sie es lieb haben.

▶ Würdigen Sie die besonderen Fähigkeiten Ihres Kindes.

▶ Schenken Sie dem eifersüchtigen Kind Extrazeit. Spielen Sie mit ihm, wenn das Baby schläft. Unternehmen Sie mit ihm allein etwas. Gehen Sie ins Kino, Eis essen oder spazieren.

▶ Erklären Sie Ihrem Kind die Situation. Besprechen Sie mit ihm, was Sie tun können, damit es nicht eifersüchtig sein muss.

▶ Vergleichen Sie Ihren Sprössling nie mit Geschwistern oder anderen Kindern. Jedes Kind ist anders. Vergleiche hinken immer.

Im Alltag immer wieder Liebe zeigen

Lesen Sie hierzu auch:
● Angst, S. 26
● Geschwister, S. 50
● Klammern, S. 60
● Trennung der Eltern, S. 102

Einzelkinder: Verzogen und einsam?

Klischees stimmen selten

Es gibt immer mehr Kinder, die ohne Geschwister aufwachsen. Alles dreht sich nur um sie. Häufig wird angenommen, dass Einzelkinder verzogen und altklug seien. Würde das stimmen, wäre China voll von Egoisten! Doch das ist nicht der Fall. Eine wissenschaftliche Langzeituntersuchung aus England bestätigt: Es gibt keine Hinweise darauf, dass Einzelkinder zu Verhaltensschwierigkeiten neigen, psychische oder emotionale Störungen aufweisen.

Natürlich spielt es eine Rolle, ob jemand allein oder mit Geschwistern aufwächst. Einzelkinder orientieren sich zum Beispiel eher an den Erwachsenen, während Geschwisterkinder sich viel voneinander abgucken. Beides hat Vor- und Nachteile (siehe Kasten unten). Wie ein Einzelkind sich entwickelt, hängt ganz wesentlich von der Bindung zu den Eltern ab. Entscheidend sind außerdem die sozialen Kontakte zu anderen Kindern.

WICHTIG

Pro und Contra: Wie lebt es sich als Einzelkind?

In folgenden Bereichen haben Einzelkinder die Nase vorn:

● Sie entwickeln sich oft sprachlich und geistig schneller und besser, weil sie die ungeteilte Aufmerksamkeit ihrer Eltern haben.

● Häufig sind sie offener und kontaktfreudiger, weil sie darauf angewiesen sind, Kontakte mit anderen Kindern zu knüpfen.

● Und viele Einzelkinder sind in der Schule erfolgreicher, denn ihre Eltern sind meist an guten Leistungen ihres Sprösslings stark interessiert und unterstützen ihn intensiv.

Mögliche Einschränkungen für ein Einzelkind :

● Einzelkindern bieten sich oft weniger Spiel- und Bewegungserfahrungen mit anderen Kindern.

● Sie erhalten immer die ungeteilte Aufmerksamkeit der Erwachsenen und können sich dadurch zum »Prinzen« oder zur »Prinzessin« entwickeln.

● Sie sind es nicht gewöhnt, mit Geschwistern um Positionen zu kämpfen.

● Oft haben sie weniger Familiensinn, weil sie elterlicher (Über-)Fürsorge gern früh entfliehen.

TIPP!

So helfen Sie Ihrem Kind in die Selbstständigkeit

Rollentauschspiele: Ich bin du

▶ Mama muss zur Arbeit gehen. Allein mag sie aber nicht: Anna soll mitgehen. Wie kann Anna Mama ermutigen, loszugehen?

▶ Mama ist schrecklich müde und möchte schlafen. Anna soll sich mit hinlegen. Das findet die gar nicht gut: Sie ist ja nicht müde! Wie überzeugt Anna Mama, dass sie allein schlafen kann?

▶ Anna will mit Freunden spielen. Mama will immer dabei sein. Aber manches wollen die Kinder lieber ohne Erwachsene tun. Wie kann man Mama vom Mitspielen abhalten?

Im Alltag Selbstständigkeit zulassen

▶ Springen Sie nicht unaufgefordert helfend ein, sondern geben Sie Ihrem Kind Zeit und Gelegenheit, viele Dinge selbst zu erledigen, ermutigen Sie Ihr Kind, es erst einmal allein zu versuchen. So fördern Sie seine Unabhängigkeit.

▶ Erweitern Sie schrittweise den Spiel- und Aktionsradius, in dem Ihr Kind sich ohne Sie aufhalten kann, etwa so: »Bleib eine Weile allein auf dem Spielplatz. Ich muss ganz schnell etwas besorgen.« Oder: »Kannst du eben allein zum Bäcker gehen und vier Brötchen kaufen?«

So packen Sie's an

Der Einsamkeit vorbeugen

▶ Sorgen Sie dafür, dass Ihr Sprössling schon früh mit anderen Kindern spielen kann.

▶ Achten Sie darauf, dass Sie Ihr Kind nicht überfordern. Es muss Kind sein dürfen – nicht Ersatzpartner oder »Kumpel« zum Besprechen von Lebensproblemen.

Selbstständigkeit fördern

▶ Machen Sie Ihr Kind nicht zum Familienmittelpunkt. Es muss lernen, sich in Gruppen einzufügen. Am besten, es erfährt schon im Elternhaus, dass es nicht der Nabel der Welt ist.

▶ Bemuttern Sie Ihr Kind nicht zu stark. Sonst fällt es ihm schwerer, selbstständig zu werden.

▶ Lassen Sie los! Einzelkinder haben eine besonders starke Bindung an ihre Bezugsperson. Ihr Kind kann nur selbstständig werden, wenn Sie es loslassen! Dabei helfen Spiele und Übungen (siehe Kasten oben).

Kinder brauchen sicheren Halt – und Freiraum für sich

Lesen Sie hierzu auch:

Fernsehen:
Ständig vor der Glotze?

Fernsehen ist einfach faszinierend. Kaum ein Kind wird nicht in den Bann der bunten Bilder gezogen. Sesamstraße, Teletubbies, Löwenzahn & Co.: Kleine Leute würden garantiert alles gucken, was der Bildschirm zu bieten hat, wenn Eltern sie nur ließen. Doch grenzenlosen Fernsehkonsum kann man natürlich nicht erlauben. Schließlich sind die schädlichen Auswirkungen von langem Fernsehen inzwischen unumstritten: Viel zu viele Reize überfluten das kleine Gehirn. Sie zu verarbeiten ist unmöglich. Konzentrations- und Gedächtnisschwäche, Unruhe

Auf das rechte Maß kommt es an

oder Schlafstörungen können die Folgen sein. Außerdem bewegen sich die meisten Kinder heute ohnehin zu wenig. Und: In Familien spricht man nicht genug miteinander. Alles Argumente gegen das Fernsehen. Doch die Flimmerkiste ist nun mal aus unserem Leben nicht mehr wegzudenken. Damit Ihr Kind durch das Fernsehen keinen Schaden nimmt, müssen Sie ihm zeigen, wie man damit umgeht. Nur so kann es langfristig von den guten Seiten dieses Mediums profitieren.

So packen Sie's an

Bewusst fernsehen: hilfreiche Grundregeln

▶ Die oberste Devise heißt natürlich: öfter abschalten. Oder bewusst gar nicht erst anschalten.
▶ Legen Sie strikte Fernsehzeiten fest. Kinder unter drei Jahren sollten besser gar nicht gucken. Vorschulkinder höchstens eine halbe Stunde täglich. Wichtig: wenigstens genauso viel Zeit für Bewegung einplanen.
▶ Essen Sie nicht vor dem Fernseher. Und benutzen Sie ihn nicht zur Dauerberieselung.
▶ Genießen Sie am Wochenende

Für bewegten Ausgleich sorgen

> **TIPP!**
>
> ## Hand aufs Herz
>
> ● Welchen Stellenwert nimmt das Fernsehen in Ihrem Alltag ein? Zu welchen Tageszeiten läuft Ihr Fernseher? Wie lange und was gucken Sie täglich? Was tun Sie sonst noch in Ihrer Freizeit?
> ● Wenn der Fernseher bei Ihnen zu Hause ständig läuft, können Sie von kleinen Leuten kaum erwarten, dass sie wegschauen. So viel Selbstdisziplin können sie noch nicht aufbringen. Vielleicht schaffen Sie es – und schalten Ihrem Kind zuliebe öfter ab?

statt Fernseh- lieber Familienzeiten. Spielen, lesen, reden Sie zusammen, gehen Sie raus, unternehmen Sie etwas. Und lassen Sie sich nie vom Fernsehen tyrannisieren: Wer eine Verabredung mit Freunden absagt, um eine Sendung nicht zu verpassen, setzt eindeutig falsche Prioritäten!

▶ »Verstecken« Sie Ihren Fernseher. Vielleicht kann er in einem Schrank »unsichtbar« werden. Riesen-Bildschirme, die das ganze Wohnzimmer dominieren, geben dem Fernsehen bei Ihnen zu Hause eindeutig zu viel Gewicht.

▶ Benutzen Sie den Fernseher nicht als Babysitter. Und nicht als Fluchtmittel aus dem Alltag.

> **TIPP!**
> ## Fernsehhits für Kids
>
> ● **Sesamstraße:** Klassiker für Kinder ab etwa 4 Jahren. Lernen und Spaß mit Ernie, Bert, Krümelmonster & Co.
> ● **Sendung mit der Maus:** Lustiges und Wissenswertes für Kinder ab 4 Jahren mit der Maus und dem blauen Elefanten.
> ● **Löwenzahn:** Peter Lustig erklärt in seinem Bauwagen Umwelt, Natur und Technik für Kinder ab etwa 5 Jahren.
> ● **Philipps Tierstunde:** Bei Maus Philipp und ihren Gästen erfahren Kinder ab 5 Jahren etwas über hiesige und exotische Tiere.
> ● Infos über aktuelle Programme gibt der Verein Programmberatung für Eltern e.V. im Internet unter www.flimmo.de

Setzen Sie Ihr Kind nicht vor dem Fernseher ab – die Ruhe wäre zu teuer bezahlt.

Auf Qualität achten

▶ Wählen Sie kritisch aus. Jedes Kind reagiert anders, vor allem auf spannende Sendungen. Beobachten Sie, wie Ihr Sprössling sie verkraftet. Und streichen Sie notfalls eine Serie.

▶ Sprechen Sie mit Ihrem Kind über die Sendung. Amüsieren Sie sich gemeinsam, erklären Sie, überlegen Sie, wie's weitergehen könnte. Viele Kinder spielen gern Fernsehfiguren nach.

▶ Nutzen Sie das Fernsehen zum Lernen. Es lässt uns live Dinge miterleben, die wir sonst nie sehen würden. Suchen Sie geeignete Sendungen über Tiere und Natur aus. Danach können Sie das Thema vertiefen, etwa durch ein Buch.

Fernsehen geschickt nutzen

Lesen Sie hierzu auch:
● Bewegung, S. 34
● Computer & Co., S. 37

Gefühle:
Immer diese Launen ...

Auf und ab:
kindliche
Gefühle

In einem Augenblick springen sie fröhlich durch den Garten, im nächsten gibt's dicke Kullertränen, weil der kleine Bruder die Sandburg zertreten hat. Wenn Mama dann noch sagt, er wüsste es nicht besser, machen sich sofort Wut und Eifersucht durch lautes Gebrüll Luft. Doch da flattert ein bunter Schmetterling vorbei. Und schon ist der ganze Ärger wie weggeblasen. Kinder fahren stimmungsmäßig ständig Achterbahn. Für Sie als Eltern ist das manchmal schwer nachvollziehbar – und dadurch natürlich anstrengend. Und dann gibt es auch noch die Tage, an denen Ihr Kind komplett schlecht gelaunt ist. Vielleicht hat es zu wenig geschlafen, ist überreizt oder brütet eine Krankheit aus. Jedenfalls können Sie gar nichts mit ihm anfangen. Und es gibt ganze Phasen, wo Ihr Kind mit sich und der Welt unzufrieden ist und die schlechte Laune nie zu enden scheint. Vielleicht vermisst es den Papa, der viel auf Geschäftsreisen ist. Vielleicht steckt Angst vor einem anstehenden Umzug oder Zoff im Kindergarten dahinter.

Entdecken
Sie die
Ursachen für
Stimmungs-
tiefs

Hilfe im Chaos geben

Was auch immer der Grund für dieses Gefühlschaos sein mag – Ihr Kind braucht jetzt vor allem eines: Ihr Verständnis. Denn bei kleinen Leuten sind Gefühle eine ziemlich wackelige Angelegenheit. Sie schwanken noch stärker

---

TIPP!
Auf die eigenen Gefühle hören

Das kennen große ebenso wie kleine Leute: Es gibt »Ja«-Gefühle, die für gute Laune und Wohlbefinden sorgen, und »Nein«-Gefühle, die traurig, ängstlich oder wütend machen und ein unangenehmes Grummeln im Bauch verursachen. Natürlich gibt es im Alltag genug Situationen, in denen ein Kind etwas tun muss, was keinen Spaß macht: aufräumen, obwohl es keine Lust dazu hat, ins Bett gehen, obwohl es doch lieber noch spielen möchte ... und es ist nötig, dass ein Kind auch das lernt.
In anderen Bereichen jedoch – etwa was körperliche Nähe, Umarmungen, bestimmte Spiele betrifft – sollten Sie den Eigen-Sinn Ihres Kindes immer wieder stärken. Machen Sie ihm klar: Wenn so etwas bei dir »Nein«-Gefühle auslöst, darfst du auch deutlich »Nein« sagen.

hin und her als bei uns Großen. Hinzu kommt, dass die Kids mit dem, was sie fühlen, noch recht wenig anfangen können. Das verunsichert sie zusätzlich. Da ist es **Eltern als** umso wichtiger, dass Sie als El-**»Dolmet-** tern sie liebevoll auffangen. Und **scher« zwi-** dass Sie versuchen, das Durchein-**schen Kind** ander der kindlichen Gefühle zu **und Gefühls-** durchschauen und Emotionen in **chaos** Worte zu übersetzen. Denn ohne Ihre Hilfestellung wird Ihr Kind das kaum schaffen.

So packen Sie's an

▶ Nehmen Sie alle Gefühle Ihres Kindes ernst. Auch wenn Sie das Drama des verlorenen Spielzeugautos nicht nachvollziehen können, akzeptieren Sie die Trauer. So wächst das nötige Vertrauen, das Ihr Kind braucht, um sich Ihnen zu öffnen.

▶ Bewerten Sie die Gefühle kleiner Leute nicht. Ob Ihr Kind zufrieden, glücklich, einsam, eifersüchtig oder wütend ist – es ist in Ordnung. Zensieren Sie nicht. Jeder hat ein Recht auf ganz eigene Gefühle. Verkneifen Sie sich Sätze wie: »Stell dich nicht so an«.

▶ Kleiden Sie Gefühle in Worte. Anfangs können dabei Bilderbücher und Spiele helfen. Reden Sie mit Ihrem Kind schon früh über seine Gefühle.

Das ist nicht einfach. Sogar Erwachsene haben Schwierigkeiten damit. Also haben Sie Geduld – auch mit sich selbst. Sprechen Sie oft aus, wie Sie selbst sich fühlen: »Ich freue mich, ich bin gerade sehr glücklich.« Oder: »Ich bin ärgerlich.«

▶ Schenken Sie Ihrem Kind einen »sprechenden Stein«. Oder eine »Sorgenpuppe«. Solche Gegenstände sind bei großem Kummer wunderbare »Zuhörer«.

▶ Fragen Sie nach dem Grund. Warum bist du wütend? Wovor hast du Angst? So lernt Ihr Kind, woher seine Gefühle kommen.

Lesen Sie hierzu auch:
● Eifersucht, S. 42
● Jungen – typisch?, S. 56
● Machtkämpfe, S. 74
● Mädchen – typisch?, S. 76
● Trotzanfälle, S. 106
● Tyrannen, S. 108

Vielleicht mag es Ihr Kind, seine Probleme einem »Sorgenpüppchen« anzuvertrauen.

Geschwister: Liebe und Hiebe

Beste Freunde – und erbitterte Gegner

In der Mutter-Kind-Gruppe wird heftig diskutiert: Frau Bergers Töchter Svenja und Mirja gehen wie Hund und Katze miteinander um. Bei Familie Müller dagegen scheint die Geschwisterwelt noch in Ordnung. Und bei den vier Kindern von Brandts streitet immer irgendwer.

Psychologen haben sich intensiv mit Geschwisterbeziehungen auseinander gesetzt und verschiedene Aussagen dazu getroffen: Der renommierte Analytiker Alfred Adler stellte zum Beispiel fest, dass das älteste Kind in der Familie häufig »Pionierarbeit« leistet und manchmal auch die Mutterrolle für jüngere Geschwister übernimmt. Solche Aussagen

sind heute umstritten – aber auch nicht völlig von der Hand zu weisen. Richtig ist sicher: Das erste Kind trifft auf unerfahrene Eltern, während diese bei den folgenden Kindern bereits erziehungserprobt sind.

Die Gemeinschaft zwischen Geschwistern ist ja auch tatsächlich etwas ganz Besonderes: Sie ist nicht freiwillig gewählt, nicht aufkündbar und bleibt meist über viele Jahre bestehen. Und Geschwister haben eine gemeinsame Geschichte. Das alles erleichtert das Zusammenleben nicht unbedingt. Außerdem sind Geschwister häufig sehr unterschiedlich: Sie stimmen genetisch nur zu etwa 50 Prozent überein. Das führt zwangsläufig dazu, dass Eltern ihre Kinder unterschiedlich behandeln – was ja auch durchaus richtig ist –, und damit oft auch dazu, dass Missgunst und Rivalität entstehen.

Das Fremde im anderen akzeptieren lernen

WICHTIG

Wie Geschwister Rivalen werden

Die Rivalität zwischen Geschwistern wird durch folgende Bedingungen verstärkt:
- Ungleiche Behandlung,
- Konkurrenzsituationen, zum Beispiel bei geringem Altersabstand,
- Überforderung eines Kindes, etwa bei ständigem Vergleichen mit Geschwistern,
- weil jedes der Kinder nach seinem Platz in der Familie sucht.

Von Geschwistern lernen

Wenn Sie mehrere Kinder haben, lernt jedes schon früh zu teilen, nachzugeben und sich durchzusetzen. Es übt beim Streiten, sich für eine Sache einzusetzen, um etwas zu kämpfen – aber auch mal zurückzustecken. Das gelingt natürlich nicht immer auf friedlichem Wege. Und es kostet Sie Zeit, Energie und Nerven. Doch der Einsatz lohnt sich. Denn Ihre Kinder schaffen es viel schneller, sich in eine Gemeinschaft einzufügen. Geschwisterrivalität trainiert Ihre Kinder in der Bewältigung von Konflikten – auch außerhalb der Familie. Und sie haben einen Bonus für die Zukunft: Oft sind jugendliche und erwachsene Geschwister sehr solidarisch, unterstützen sich gegenseitig in vielen Situationen und bewältigen Probleme gemeinsam.

Auch Streit hilft beim Erwachsenwerden

So packen Sie's an

▶ Akzeptieren Sie, dass Ihre Kinder unterschiedlich sind. Und machen Sie ihnen klar, dass es deshalb auch Unterschiede geben muss. Vermeiden Sie aber unbedingt jegliche Benachteiligung.
▶ Machen Sie sich und Ihren Kindern deutlich, dass jedes Kind eine unverwechselbare, individuelle Persönlichkeit hat. Gerade wegen dieser Besonderheiten lieben und schätzen Sie jedes Kind auch auf eine besondere Weise.
▶ Mischen Sie sich nicht in Streitereien ein. Geben Sie den Geschwistern die Chance, ihren Konflikt selbstständig zu regeln.
▶ Überfordern Sie das älteste Kind nicht, »benutzen« Sie es nicht als Muttersatz.
▶ Verhätscheln Sie Ihre jüngeren Kinder nicht.

Gerechtigkeit ohne Gleichmacherei

Genug Raum und Liebe für jedes Kind

▶ Nutzen Sie jede Gelegenheit, um mit allen Kindern gemeinsam etwas zu spielen oder zu unternehmen. So verhindern Sie, dass Geschwister sich aus dem Weg gehen, und schaffen Situationen, in denen Ihre Kinder lernen, miteinander umzugehen.
▶ Schaffen Sie auch Möglichkeiten, um mit jedem Kind einzeln allein zu sein. Achten Sie dabei darauf, dass es gerecht zugeht und jedem Kind gleich viel Aufmerksamkeit zuteil wird.

Lesen Sie hierzu auch:
● Eifersucht, S. 42
● Schlagen, S. 88

Hausaufgaben:
Nur mit Mamas Hilfe?

Seit drei Monaten geht Philipp (6 Jahre) nun schon zur Schule. Doch mit Hausaufgaben hat er immer noch nicht viel am Hut. Am liebsten würde er zu Hause nur spielen. Mama muss ihn immer wieder ans Rechnen und Schreiben erinnern. Sonst würde er nie fertig werden.

Gemeinsam Rituale und Regeln entwickeln

Aller Anfang ist schwer – und der Schulstart hat es in sich. Bis dahin kann ein Kind ja die meiste Zeit des Tages völlig frei verspielen. An Projekten und Bastelarbeiten im Kindergarten musste es nicht teilnehmen, wenn es nicht mochte. Und plötzlich ist alles ganz anders: Schon morgens im Unterricht soll der ABC-Schütze still sitzen und mitarbeiten. Zu Hausaufgaben hat er dann überhaupt keine Lust mehr.

Konsequent helfen

Das ist verständlich! Trotzdem ist es wichtig, dass Erstklässler von Anfang an den Stoff nachmittags noch einmal wiederholen und so das Gelernte festigen. Schließlich macht nur Übung den Meister – und zum Üben ist während der Unterrichtsstunden nun mal zu wenig Zeit. Außerdem sollen die Schüler allmählich lernen selbstständig zu arbeiten. An Hausaufgaben führt also kein Weg vorbei.

Das sollten Sie als Eltern auch akzeptieren. Am besten räumen Sie den Hausaufgaben vom ersten Schultag an ebenso einen festen Platz im Tagesablauf ein wie dem Unterricht. Anfangs sollten Sie sich darauf einstellen, dass Sie Hilfestellung leisten müssen. Sicher: Hausaufgaben sind nicht für die Eltern da! Doch die meisten Kids brauchen mehr oder weniger lange tatkräftige Unterstützung und Begleitung dabei. Nehmen Sie sich genug Zeit, um Ihrem Kind den Schritt in die Selbstständigkeit zu erleichtern.

Ein ruhiger, angenehmer Arbeitsplatz macht Ihrem Kind das Lernen leichter.

So packen Sie's an

Beste Lernbedingungen schaffen

▶ Richten Sie einen festen Arbeitsplatz ein. Schenken Sie Ihrem ABC-Schützen einen kindgerechten Schreibtisch, auf dem er stolz seine Hefte ausbreiten kann. Aber wundern Sie sich nicht: Anfangs ist meist trotzdem der Küchentisch der Lieblingsplatz des Erstklässlers.

Den optimalen Zeitpunkt im Tagesablauf finden

▶ Setzen Sie eine Zeit für die Hausarbeiten fest. In den ersten Tagen sind noch Experimente gestattet. Probieren Sie aus, wann Ihr Kind am besten arbeiten kann: gleich nach dem Mittagessen, erst nach einer kurzen Verschnaufpause, spätnachmittags? Dann legen Sie gemeinsam fest, wann die Hausaufgaben ab jetzt immer erledigt werden.

▶ Sorgen Sie für eine ruhige, entspannte Atmosphäre: Schalten Sie Radio und Fernseher aus, beschäftigen Sie jüngere Geschwister mit etwas anderem, verhindern Sie sonstige Störungen. Nur so kann sich Ihr Kind konzentrieren. Und vermeiden Sie Stress: Unter Druck lernt niemand gut.

▶ Beginnen Sie mit der »Kür«. Lassen Sie Ihr Kind mit dem anfangen, was ihm leicht fällt und Spaß macht. Das motiviert – und gibt Elan für die schwierigeren Aufgaben.

Beim Lernen helfen

▶ Geben Sie Denkanstöße statt Lösungen. Ihr Sprössling soll den Stoff lernen – nicht Sie. Fragen Sie nach, bringen Sie ihn auf den richtigen Weg, korrigieren Sie, aber lassen Sie ihn allein arbeiten.

Selbstständigkeit fördern

▶ Machen Sie notfalls Pausen. Wenn Sie merken, dass Ihr Kind nicht mehr ganz bei der Sache ist, unterbrechen Sie kurz. Doch dann sollte es zügig weitergehen. Bummeleien nerven nur und kosten unnötig viel Freizeit.

▶ Geizen Sie nicht mit Lob. Zeigen Sie Ihrem Kind, dass Sie toll finden, was es schafft. Und packen Sie zum Schluss gleich den Ranzen für morgen. Dann ist der Kopf frei für Spiel und Spaß.

▶ Bauen Sie Anspannung ab. Nach Schule und Hausaufgaben ist Ihr Kind sicher geschafft. Es braucht jetzt dringend Entspannung. Gönnen Sie ihm eine Ruhepause, Bewegung im Freien oder Spiele mit Geschwistern und Freunden. Stellen Sie möglichst im ersten Schuljahr andere Anforderungen zurück. Und vermeiden Sie jeden »Freizeitstress«.

Die Balance von Pflicht und Spiel ist wichtig

Lesen Sie hierzu auch:
● Konzentrationsmangel, S. 64
● Linkshänder, S. 70
● Schulanfang, S. 94
● Überfordert – unterfordert?, S. 109

Hilfe im Haushalt: Mein Kind tut nichts!

Die Freude am Helfen fördern

Ronja (3 Jahre) und Paul (4 Jahre) helfen ihren Eltern unheimlich gern, am liebsten in der Küche. Sie waschen ab, möglichst mit viel Wasser und Spülmittel, damit es kräftig schäumt. Das Geschirr wird dabei nicht so ganz sauber, und leider schwimmt auch der Fußboden in der Küche etwas. Aber die beiden sind sehr stolz auf sich. Schließlich haben sie Mama und Papa eine große Freude bereitet.

Zum Helfen erziehen

Schon früh beginnen

Ein tolles Beispiel. Leider sieht es bei den meisten Kindern anders aus – so wie bei Miriam (6 Jahre). Sie mag überhaupt nicht helfen. Sie räumt ihr Frühstücksgeschirr nicht weg, lässt ihre schmutzige Wäsche einfach auf den Fußboden fallen und wischt das Waschbecken nach dem Zähneputzen nicht aus. Miriams Mutter ist verzweifelt. Ihr Vater rät zur Geduld: »Sie ist ja noch so klein, irgendwann lernt sie es schon von allein.« Irrtum! Denn je länger Miriam sich daran gewöhnt, dass ihre Eltern für Aufräumen und Putzen zuständig sind, umso schwerer wird sie sich umstellen.

Wahrscheinlich wird sie als Erwachsene noch ihre Wäsche zu Mama bringen.

Kleine Kinder haben großen Spaß am Helfen – auch wenn das oft noch nicht wirklich hilfreich ist. Denn ihre Leistung entspricht meist nicht annähernd den Erwartungen der Eltern, und statt Erleichterung haben die oft zusätzliche Arbeit. Sie müssen bei Bedarf Hilfestellung geben und ihre Ansprüche zurückschrauben. Trotzdem tun sie gut daran, die Kids gewähren zu lassen. Ja, sogar anschließend ihre Leistung zu bewundern, sie zu loben und sich für ihre Hilfe zu bedanken. Nur so können Eltern ihren Kindern die Freude am Helfen erhalten. Oft bringen Eltern aber stattdessen Sätze wie: »Dafür bist du noch zu klein!« oder: »Lass mich das lieber allein machen, dann geht es schneller!« Oder sie kritisieren: »Das hast du nicht ordentlich genug gemacht!« Alles Gründe, lieber aufs Helfen zu verzichten. Schade, denn eigentlich helfen kleine Kinder gern. Und mit der Zeit lernen sie dann auch, ihre Arbeiten sorgfältig und vernünftig zu erledigen. Aber Sie als Eltern müssen sie motivieren.

Lob und Dankbarkeit sind der schönste Lohn

So packen Sie's an

Hilfreiche Grundregeln

▶ Ihr Kind kann schon früh helfen: beim Abwaschen, Staubwischen, Tischdecken und -abräumen. Gewöhnen Sie Ihr Kind rechtzeitig daran, dass es für seine Sachen selbst zuständig ist.

Aufgaben gerecht verteilen

▶ Geben Sie ihm keine Scheinaufgaben, sondern Arbeiten, die seinem Alter entsprechen und die es allein bewältigen kann.

▶ Übertragen Sie Ihrem Sprössling kleine Ämter in eigener Verantwortung: Blumen gießen, den Müll rausbringen oder die Treppe regelmäßig fegen. Besprechen Sie mit ihm, welche Dinge er gern übernehmen möchte.

▶ Schieben Sie keine unangenehmen Dinge auf Ihr Kind ab. Wenn Sie es ständig auffordern, das zu machen, was Sie selbst nicht gern tun, wird es lustlos.

könnten alle Familienmitglieder zusammen ihre Aufgaben im Haushalt erledigen. So fühlt sich keiner ausgeschlossen oder benachteiligt. Und nach der Pflicht ist dann Zeit für gemeinsame Vorhaben.

▶ Verteilen Sie Bonuspunkte. Wer etwas im Haushalt tut, bekommt einen. Und wer zuerst zehn gesammelt hat, darf sich etwas wünschen, was die Familie gemeinsam unternimmt.

▶ Gestalten Sie die »Arbeit« so, dass sie Spaß macht. Hören Sie beim Staubwischen eine spannende Kassette, singen Sie beim gemeinsamen Abwasch oder erzählen Sie ein paar Geschichten aus Ihrer Kinderzeit.

Lesen Sie hierzu auch:
- Aufräumen, S. 28
- Egotrip, S. 40
- Jungen – typisch?, S. 56
- Tyrannen, S. 108

So macht die gemeinsame Arbeit Spaß

Zusammen ist es schöner

▶ Erledigen Sie Aufgaben gemeinsam. Dann geht die Arbeit leichter von der Hand.

▶ Legen Sie einen »Familienhaushaltstag« fest. Immer am Samstagmorgen

Auch wenn nicht alles so blitzsauber ist wie gewohnt: Lassen Sie Ihre Kinder helfen – von Anfang an.

Jungen – typisch?

»Tischdecken ist Weiberkram. Das mache ich nicht.« Bei solchen Sprüchen aus dem Munde eines Fünfjährigen stellen sich Müttern die Nackenhaare auf. Sitzt bei Jungen der Macker doch in den Genen?

Keine Panik: Kinder durchleben immer mal Phasen, in denen sie sich auf der Suche nach dem eigenen Ich an Klischees klammern. Ob es ihnen gelingt, sich davon zu lösen und ihre eigene Identität zu finden, hängt wesentlich davon ab, was Sie als Eltern ihnen vorleben. Und wie Sie mit Ihrem Jungen umgehen: Stärker als Gene und Hormone fördern unsere Erwartungen und unterschwelligen Botschaften klischeehaftes Verhalten. Das macht vor

Leben Sie Ihren Kindern vor, dass man aus typischen Rollen ausbrechen kann.

allem Jungen Probleme, denn ihnen fehlt allzu oft ein männliches Vorbild. Nicht nur, weil Kinder Väter nach wie vor wenig erleben. Sondern auch, weil viele Väter heute selbst zwischen hartem Karriere- und softem Familienmann hin und her schwanken. Dazu kommen widersprüchliche Botschaften: Wenn Mama erst stolz ist, wie Sohnemann sich auf dem Spielplatz lautstark Respekt verschafft, ihr im Café aber heftige Forderungen peinlich sind, ist die Verwirrung komplett. Kein Wunder, dass kleine Kerle irgendwann nicht mehr wissen, wie »Mann« sein soll. So kämpfen sie lärmend gegen ihre eigene Unsicherheit, markieren den coolen Macker, selbst wenn ihnen zum Heulen zumute ist.

Jungen brauchen deshalb vor allem eine klare Linie und angemessene Grenzen. Machosprüche sollten, auch wenn sie noch so witzig sind, nicht unkommentiert bleiben. Jungen brauchen aber auch viel Fürsorge. Ihr Gehirn entwickelt sich langsamer, sie reifen und lernen anders als Mädchen, haben wildere Seiten und einen stärkeren Bewegungsdrang.

Gar nicht so einfach: Vorbilder finden

So packen Sie's an

▶ Leben Sie Gleichberechtigung vor: Papa kann sonntags kochen, Mama Nägel einschlagen. Wichtig ist ein respektvoller Umgang miteinander. Und dass anerkannt wird, dass jeder seine Stärken und Schwächen hat.

▶ Jungen fällt es oft schwer, ihre Gefühle auszudrücken. Dabei kann gerade die Mama helfen. Bei ihr muss sich – anders als im Konkurrenzkampf mit Papa – ein kleiner Mann nicht beweisen. Schenken Sie Ihrem Jungen deshalb so viel Aufmerksamkeit und Zärtlichkeit, wie er mag. Es muss ja nicht gerade vor den Augen seiner Kumpels sein.

Zuneigung macht kleine »Männer« stark

▶ Reden Sie mit ihm über alles: über seine Erlebnisse, Interessen, Gedanken und Gefühle. Das fördert emotionale, kommunikative und soziale Fähigkeiten.

▶ Zeigen Sie Ihrem Sohn, dass Sie ihn so nehmen, wie er ist. Auch wenn Ihnen selbst laute To-

bereien und gewagte Abenteuer fremd sind, akzeptieren Sie sein Verhalten – ebenso wie Tränen und Traurigkeit.

▶ Zeigen Sie kleinen Raufbolden, wie sie ihre Aggressionen »friedlich« ausleben. Scheuen Sie dabei nicht den Körperkontakt. Rangeln, raufen und ringen Sie miteinander. Und sprechen Sie immer wieder über Ihre Gefühle.

Aktivität tut Kindern gut

Spielend zu sich finden

▶ Bieten Sie Ihrem Sohn »Männerabenteuer«: Zusammen mit Papa Fußball spielen, zelten, ein Baumhaus bauen, Pfeile schnitzen oder Löcher in die Wand bohren sind wichtige Erfahrungen. Ist Vaterzeit nicht möglich, bemühen Sie sich um andere männliche Bezugspersonen.

▶ Bieten Sie Gelegenheiten für Rollenspiele. Ob Zauberer, Katze, Cowboy oder Indianer – je unbefangener Kids in verschiedene Rollen schlüpfen können, desto eher finden sie ihre eigene Identität. Dazu können phasenweise auch Pistolen und Panzer gehören. Wer das komplett verteufelt, fördert eher Aggressionen. Aber stellen Sie klare Regeln auf. Gefragt sind Worte statt Fäuste.

Individuelle Kompromisse finden

WICHTIG
Früher Hormonschub

● Bei Jungen verdoppelt sich im Alter von vier Jahren das männliche Geschlechtshormon Testosteron im Körper. Sie werden dadurch aktiver, aggressiver und launischer. Ab fünf Jahren sinkt der Hormonspiegel dann wieder etwas.

Lesen Sie hierzu auch:
● Gefühle, S. 48
● Mädchen – typisch?, S. 76

Kindergartenstart: Hinaus ins Leben!

Jakob (3 Jahre) hat sich so auf den ersten Tag im Kindergarten gefreut. Tatsächlich fndet er auch alles ganz toll. Trotzdem will er Mamas Hand nicht loslassen. Sobald sie versucht, zu gehen, beginnt ein großes Geschrei. Die Erzieherin bietet der Mutter an, noch etwas zu bleiben. Das tut sie auch. Nach einer Weile beginnt Jakob fröhlich mit anderen Kindern zu spielen. Aber weggehen darf Mama nicht. Das wiederholt sich die ganze Woche. Die Mama ist verzweifelt: Ist das normal? Ja, das ist es. Jakob muss langsam lernen, sich von der Mutter zu lösen, und das Tempo dafür bestimmt er allein. Untersuchungen zeigen, dass kleine Leute viel Zeit brauchen, um sich an eine unbekannte Umgebung oder neue Be-

Jedes Kind hat sein persönliches Tempo

zugspersonen zu gewöhnen. Das gelingt besser, wenn die Mutter in Reichweite ist. Erst wenn das Kind sich ganz sicher fühlt, kann sie es allein lassen. Wann der Zeitpunkt dafür gekommen ist, ist von Kind zu Kind verschieden.

Den Abschied erleichtern

Natürlich haben nicht alle Kids diese Probleme. Wer schon Freunde und Geschwister im Kindergarten hat, verschmerzt die erste Trennung leichter als das erste Kind, dessen Mutter sich vielleicht selbst schwer lösen kann. Kinder, die vorher eine Spielgruppe oder Ähnliches besucht haben, haben weniger Schwierigkeiten als solche, die nie in fremder Umgebung waren. Manche Kinder zeigen ihren Kummer, andere schlucken ihn herunter, verarbeiten ihn im Spiel, reagieren mit Aggressionen oder Krankheit. Versuchen Sie, Ihr Kind schon frühzeitig auf den Start ins Kindergartenleben vorzubereiten. Die Eingewöhnung sollte bereits viele Monate vor dem großen ersten Tag beginnen – das erleichtert Ihnen beiden die Trennung.

Loslassen – gar nicht so einfach

TIPP!
Hand aufs Herz

● Sind Sie selbst wirklich bereit, Ihr Kind loszulassen? Oder sind Sie traurig, wenn Ihr Kind morgens nicht mehr zu Hause ist? Sagen Sie ihm das vielleicht auch ab und an?
● Wissen Sie genau, in welche Einrichtung Sie Ihr Kind bringen? Kennen Sie das Haus, das Personal?

Sprechen Sie mit Ihrem Kind viel über den Kindergarten. Betrachten Sie Bilderbücher. Besuchen Sie die Einrichtung. Später gehen Sie zusammen für einige Minuten in die Gruppen und schauen den anderen Kindern zu.

So packen Sie's an

Hilfreiche Grundregeln

▶ Zeigen Sie Ihrem Kind Ihre eigene Freude über den neuen Lebensabschnitt deutlich.

▶ Wenn Ihnen der Abschied schwer fällt: Machen Sie sich klar, dass es für Ihr Kind wichtig ist, losgelassen zu werden.

▶ Machen Sie den Einstieg interessant. Kaufen Sie vorher gemeinsam alles, was Ihr Kind braucht: Trinkflasche, Brottasche und Brotdose.

▶ Helfen Sie Ihrem Kind auf dem Weg in die Selbstständigkeit: Regen Sie immer wieder Besuche bei anderen Kindern, Freunden und Verwandten an. So übt Ihr Kind, mit anderen ohne Sie zu spielen.

Wecken Sie Vorfreude, indem Sie gemeinsam die ersten Vorbereitungen treffen.

▶ Knüpfen Sie Kontakt zu anderen Kindergartenkindern. Erzählungen von der wunderbaren Welt dort machen Ihrem Sprössling Mut.

So bekommen Sie die Situation in den Griff

▶ Besprechen Sie mit der Erzieherin, wie sich die Eingewöhnungszeit gestalten lässt. Scheuen Sie sich nicht, eigene Wünsche anzusprechen und auf die individuelle Situation Ihres Kindes hinzuweisen.

▶ Drängen Sie Ihr Kind nicht, aber lassen Sie sich auch nicht zu schnell auf seine Wünsche ein. Nehmen Sie es nicht wieder mit nach Hause, sondern bleiben Sie im Kindergarten.

Starthilfe: Geduld und liebevolle Konsequenz

▶ Sprechen Sie viel mit Ihrem Sprössling über seine Erlebnisse im Kindergarten. So kann er das Geschehen verarbeiten, und Sie wissen, wo noch Hilfe nötig ist. Erwarten Sie aber keine ausführlichen Berichte.

▶ Halten Sie von Anfang an guten Kontakt zu der Erzieherin Ihres Kindes. Im Kindergarten erlebt Ihr Kind eine familienergänzende Erziehung. Sie baut auf dem auf, was Sie für richtig halten. Deshalb ist ein guter Austausch zwischen allen an der Erziehung Ihres Kindes Beteiligten notwendig.

Lesen Sie hierzu auch:
● Angst, S. 26
● Klammern, S. 60
● Schüchternheit, S. 93
● Unselbstständigkeit, S. 117

Klammern:
Meine kleine Klette ...

»Mama, geh nicht weg!« Schluchzend klammert Sophie (4 Jahre) sich an ihre Mutter. Die kann keinen Schritt machen, ohne dass Sophie ihr am Rockzipfel hängt. Sie abends mal der netten Nachbarin anzuvertrauen ist gar nicht denkbar. Sogar bei der geliebten Oma dauert es sehr lange, bis Sophie die Mama endlich schweren Herzens gehen lässt.
Solche Klammeräffchen stehen nicht nur ihren Eltern, sondern auch sich selbst im Weg. Denn sie versäumen so viele neue Kontakte und Erfahrungen. Aber das Kind zur Trennung zu zwingen würde ihm nur mehr Angst machen. Und dann würde es noch stärker klammern. Haben Sie deshalb Verständnis. Und üben Sie das langsame Loslassen.

So packen Sie's an

Hilfreiche Grundregeln

▶ Erst binden, dann loslassen. Wer unsicher ist, hält sich erst recht fest. Zeigen Sie Ihrem Kind, dass Sie jederzeit für es da sind und es sich ganz auf Sie verlassen kann. Bleiben Sie zuerst bei ihm, wenn es sich nicht trennen kann. Und warten Sie immer erst sein Einverständnis ab, bevor sie gehen.

Vertrauen braucht Sicherheit

▶ Gehen Sie nie heimlich weg, auch wenn Ihr Kind ohnehin schläft. Vielleicht wacht es doch mal auf. Wenn dann die Nachbarin an seinem Bett steht, fühlt es sich von Ihnen verlassen. Erklären Sie ihm deshalb vorher, warum Sie nicht da sind und wer in dieser Zeit aufpasst.

Versteckspiele helfen Kindern, das Loslassen spielerisch zu trainieren.

So bekommen Sie die Situation in den Griff

▶ Halten Sie Verabredungen unbedingt ein. Wenn Sie Ihrem Kind versprechen, es vor dem Abendessen abzuholen, sollten Sie pünktlich sein. Kleine Leute brauchen Verlässlichkeit.

▶ Spielen Sie Verstecken. Lassen Sie sich auch richtig suchen. Beim Wiederfinden ist die Freude dann doppelt groß.

Kontaktfreude fördern

▶ Wer eher isoliert lebt, muss sich nicht wundern, wenn sein Kind bei Fremden scheu ist. Vertrauen Sie es schon früh für kurze Zeit anderen lieben Menschen aus Familie und Bekanntenkreis an. Lassen Sie selbst es auch los.

Hilfe zum Anfassen

▶ Geben Sie Ihrem Kind etwas von sich selbst mit. Wie wär's mit einem kleinen Anhänger, den es um den Hals tragen kann? Oder einem Schal, der nach Mama duftet? So hat Ihr Kind etwas von Ihnen dabei, wenn Sie weg sind.

▶ Schenken Sie einen Klammerersatz. Vielleicht mag Ihr Kind sich an einem Stofftier festhalten. Oder es ist mit einer Schirmmütze auf dem Kopf mutiger.

Kleine Helfer gegen die Angst

Lesen Sie hierzu auch:
● Angst, S. 26
● Einzelkinder, S. 44
● Schüchternheit, S. 93
● Unselbstständigkeit, S. 117

TIPP!

Spielerisch Lösungen finden

▶ Helfen Sie Ihrem Kind sich schrittweise von Ihnen zu lösen, indem Sie eine Stellvertretergeschichte erzählen. Die Geschichte handelt von einem Kind, das die gleichen Probleme hat. Ihr Kind soll sich nun Lösungsvorschläge für schwierige Situationen ausdenken. Zum Beispiel:
»Mia ist ein braves Kind, und sie liebt ihre Mama sehr. Wenn Mama sie morgens in den Kindergarten bringt, gibt sie Mia zum Abschied einen Kuss. Da fängt Mia an zu weinen. Sie will nicht ohne Mama im Kindergarten bleiben. Was soll Mama bloß tun?«
»Am Nachmittag, nachdem Mia einen wunderschönen Tag im Kindergarten gehabt hat, kommt Mamas Freundin zu Besuch. Sie bringt ihren Sohn Timo mit. Mia lässt Mamas Rockzipfel nicht los. Die Mamas können gar nicht miteinander reden, und Timo sitzt allein da und langweilt sich. Was können Mama und Timo jetzt tun? Was könnte Mia machen?«
»Abends wollen Mama und Papa ins Theater. Oma kommt zum Aufpassen. Mia will aber nicht mit Oma allein im Haus bleiben. Gibt es etwas, was Mia helfen könnte?«
▶ Denken Sie sich weitere Beispiele aus, die für Ihr Kind typisch sind, und helfen Sie ihm, spielerisch eigene Lösungen zu entwickeln.

Konsumrausch: Wünsche ohne Ende ...

Minidinos und Monsterfiguren, zuckersüße Püppchen und ganze Kunststoffwelten: In deutschen Kinderzimmern lagern Millionenwerte – nicht selten völlig ungenutzt. Und immer wieder wird nach Neuem gebettelt. Längst gibt es nicht mehr nur zu Weihnachten, Ostern oder zum Geburtstag Geschenke: »Kleinigkeiten« zwischendurch gehören für die meisten Kids zum Alltag – als »Belohnung« nach dem Arztbesuch, beim Einkaufen oder als Mitbringsel von Oma.

Qualität statt Quantität Wer aber schon früh erfährt, dass auch der längste Wunschzettel lückenlos abgearbeitet wird und die kleinste Äußerung das ersehnte Teil sofort herbeizaubert, versteht es beim besten Willen nicht, wenn irgendwann Konsumverzicht gefordert wird. Müssen Eltern sich dann wundern, wenn Kinder immer unersättlicher werden?

Gefühle wie Sehnsucht und Freude bleiben dabei auf der Strecke. Das ist schade – und keine gute Vorbereitung aufs Erwachsenenleben. Denn da muss man auch auf etwas warten können – ab und an leider vergebens …

Das Leben ist anders ... Um Ihren Kindern ein Strahlen in den Augen beim Auspacken von Geschenken zu erhalten und sich selbst nervenaufreibende Situationen zu ersparen, sollten Sie schon früh gegensteuern: Sagen Sie ruhig immer wieder mal Nein und wählen Sie kritisch aus. Sie haben außerdem auch das Recht, für Ihr Geld das zu kaufen, was Sie möchten. Und Ihre Tochter wird es ganz sicher verkraften, wenn sie nicht die sechste Plastikpuppe bekommt!

So packen Sie's an

Hilfreiche Grundregeln

▶ Überprüfen Sie Ihr eigenes Konsumverhalten und bemühen Sie sich, in puncto Einkaufen Vorbild für Ihre Kinder zu sein.
▶ Lassen Sie das Druckmittel »Alle haben das!« nicht gelten. Meist stimmt es ohnehin nicht. Forschen Sie nach, sprechen Sie mit anderen Eltern. Und tauschen

TIPP!

Wie viel Taschengeld soll's sein?

- ab 5 Jahren: wöchentlich 50 Cent
- ab 6 Jahren: wöchentlich ein Euro
- ab 7 Jahren: wöchentlich ein bis zwei Euro

TIPP!

Hand aufs Herz

● Wie konsumfreudig sind Sie? Wer selbst gern shoppen geht, muss sich über die Vorlieben seines Nachwuchses kaum wundern.
● Machen Sie gern die neuesten Trends mit? Und finden Sie es insgeheim vielleicht schick, wenn Ihr Kind auch trendy ist?
● Kaufen Sie nach Liste ein oder eher nach Lust und Laune? Nehmen Sie auch schnell mal etwas mit, was Sie gar nicht brauchen?
● Ist Shoppen für Sie eine beliebte Freizeitbeschäftigung? Die Fahrt ins Einkaufszentrum häufig Ersatz für andere Erlebnisse?

Sie Spielzeug, Bücher und Spiele. Denn sicher hat Ihr Kind auch etwas, was andere nicht haben!

▶ Kaufen Sie keine Geschenke zwischendurch. Auf die Erfüllung großer Wünsche sollten Kinder immer bis zum Geburtstag oder bis Weihnachten warten.

▶ Schenken Sie auch Nützliches. Unter dem Tannenbaum darf auch ein neuer Anorak oder ein Fahrradhelm liegen.

Vernünftiges Einkaufen vorleben ▶ Gehen Sie gemeinsam mit Ihrem Kind einkaufen. Ein Vierjähriger kann mit Preisen zwar noch nichts anfangen, aber er sieht, wie Sie vergleichen, etwas als »zu teuer« aussortieren. Beziehen Sie Ihren Sprössling in Ihre Überlegungen ein – vor allem, wenn es um etwas für ihn geht.

So bekommen Sie die Situation in den Griff

▶ Bremsen Sie eifrige Omas und Tanten: Lassen Sie Verwandte und Freunde lieber Geld zu größeren Geschenken dazugeben. Wenn alle Lieben gemeinsam ein Fahrrrad kaufen, lernen Kinder außerdem, dass das etwas Wertvolles ist.

Mit Familie und Freunden absprechen

▶ Wenn Verwandte oder Freunde gar nicht wissen, wie sie ihr Geld an Ihr Kind bringen sollen, können sie es gern auf ein Sparbuch einzahlen – für größere Anschaffungen oder ausgefallene Wünsche in späteren Jahren.

Tipps für den »Ernstfall«

▶ Lassen Sie sich beim Einkaufen nicht erpressen. Kinder müssen nicht jeden Supermarktbesuch versüßt bekommen oder mit Spielzeug belohnt werden. Auf dem Einkaufszettel einer Familie stehen in der Regel andere Dinge. Das schließt natürlich nicht aus, dass Sie sich nach einem anstrengenden Großeinkauf mal gemeinsam ein Eis gönnen. Ein bisschen Spaß muss ja auch sein!

Kleine Extras für besondere Tage

Lesen Sie hierzu auch:
● Egotrip, S. 40
● Einzelkinder, S. 44
● Langeweile, S. 66

Konzentrationsmangel: Nie bei der Sache

Weniger ist mehr – Kindern zur Ruhe verhelfen

Jedes Spiel wird abgebrochen, kein Puzzle wird zum vollständigen Bild: Viele Kinder sind Meister des Unvollendeten. Aber sich zu konzentrieren ist eine Kunst, die selbst viele Erwachsene in unserer rastlosen Zeit nicht mehr beherrschen. Die Gedanken tatsächlich auf eine einzige Sache auszurichten ist Schwerstarbeit fürs Gehirn. Etwas, das Kinder erst langsam lernen müssen – mit Ihrer Hilfe. Oft wird das durch die Umwelt erschwert. Die Konzentration geht in einer Flut von Reizen unter. Lärmende Radios und Fernseher, klingelnde Telefone und Handys, Musikberieselung an jeder Ecke, Eltern, die unter Zeitdruck fünf Dinge gleichzeitig tun – kein Wunder, dass der Nachwuchs nie richtig bei der Sache ist!

WICHTIG
Die Fähigkeiten kleiner Leute

● Überschätzen Sie das Durchhaltevermögen der Kids nicht. Kinder können sich nur etwa doppelt so viele Minuten auf eine Sache konzentrieren, wie sie in Jahren alt sind. Was Erwachsene für sprunghaft halten, ist also für kleine Leute oft ganz normal.

Kinder brauchen Ruhe

Wer sich konzentrieren will, braucht Ruhe. Und muss ab und zu auch mal allein sein. Also: Schluss mit ständigen Störungen und unnötigen Ablenkungen von außen. Überprüfen Sie einmal Ihre Lebensgewohnheiten – vielleicht lässt sich so die Konzentrationsfähigkeit Ihres Sprösslings schon verbessern.
Achten Sie auch auf gesunde Ernährung. Nur ein Gehirn, das gut gefüttert wird, arbeitet reibungslos. Kindern, die nie frühstücken, mittags mit Fast Food abgespeist werden und nachmittags ihren Hunger mit Süßigkeiten stillen, fehlt bald die nötige Energie für ihre grauen Zellen.

Auch wichtig: das richtige essen

So packen Sie's an

▶ Trainieren Sie Konzentration ganz entspannt: Spielen Sie gemeinsam mit Ihrem Kind Memory oder Karten, legen Sie Figuren aus Holzplättchen, fädeln Sie Perlen auf, konstruieren Sie Häuser und Fahrzeuge aus Bausteinen, malen Sie Mandalas aus. Ebenfalls eine tolle Übung: zusammen Bücher anschauen und lesen. Beziehen Sie den kleinen Zuhörer dabei immer wieder durch Fragen mit ein.

▶ Gehen Sie mit Ihrem Kind auf Fantasiereisen. Machen Sie es sich gemütlich und »wandern« Sie zuerst gemeinsam ein Stück: »Stell dir vor, du bist auf einer grünen Wiese …« Lassen Sie Ihr Kind dann weitererzählen.

Erzählen, träumen, ausruhen – am besten gemeinsam

▶ Unterbrechen Sie Ihr Kind nie ohne triftigen Grund. Reißen Sie es nicht ständig aus seiner Beschäftigung heraus. Geben Sie ihm wo immer möglich die Zeit, sein Spiel zu beenden oder dort abzubrechen, wo es ihm sinnvoll erscheint. Wichtig: ein Platz, an dem unvollendete Werke liegen bleiben können. So kann später weitergearbeitet werden.

▶ Weniger Angebot ist oft mehr. Wer fünf Puzzles vor sich hat, kann sich schwer für eines entscheiden. Packen Sie Spielzeug zeitweilig weg. So übt Ihr Kind, sich mit wenigem intensiver zu beschäftigen.

▶ Sorgen Sie für Bewegung. Wenn der Kopf gar nicht mehr bei der Sache ist, braucht der Körper oft Sauerstoffnachschub. Toben an frischer Luft kann da Wunder wirken.

▶ Auch kleine Bewegungen regen das Gehirn an. Setzen Sie Ihr Kind ab und an auf einen Gymnas-tikball statt auf den Stuhl. Lassen Sie es einen kleinen Stein oder eine Murmel in der Hand hin und her bewegen. Auch Kaugummikauen fördert die Aufmerksamkeit.

Spiele, die innerliche Ruhe bringen

▶ Massieren Sie Ihrem Kind die Ohren. Nehmen Sie die kleine Ohrmuschel zwischen Daumen und Zeigefinger und lassen Sie Ihre Finger mit kreisenden Bewegungen von innen nach außen und von oben nach unten wandern – ganz sanft und vorsichtig. Ihr Kind kann seinen Kopf dabei langsam von links nach rechts und zurück drehen. Dies ist eine einfache Übung aus der angewandten Kinesiologie (siehe auch Literaturempfehlungen im Anhang ab Seite 125).

Lesen Sie hierzu auch:
- Aufräumen, S. 28
- Bewegung und Entspannung, S. 34
- Lernprobleme, S. 68
- Unruhe, S. 115
  - Zeitdruck, S. 121

Das mögen alle Kinder: mit Mama oder Papa spielen.

Langeweile:
Ich hab gar keine Idee!

Schenken Sie Aufmerksamkeit statt Spielzeug

»Mir ist so langweilig. Ich weiß gar nicht, was ich tun soll.« Sätze, die viele Eltern zur Verzweiflung treiben. Oft hängen schon kleine Kinder völlig gelangweilt herum. Oder machen Unsinn, damit überhaupt etwas passiert. Eltern sind ratlos: Das Kind hat doch alles?! Aber Spielzeugberge helfen nicht gegen Langeweile. Und ständige Aktionen und Termine überbrücken nur kurzfristig die Leere. Unser Leben bietet nicht gerade optimale Bedingungen für spannende Kindertage. Wo können die Kids heute noch gefahrlos draußen spielen? Wo die Neugier befriedigen, den Entdeckerdrang ausleben? Wer weder Un-

ordnung noch Lärm machen darf und möglichst sauber bleiben soll, hat als Kind wirklich Probleme, sich zu beschäftigen. Kein Wunder, dass Kreativität, Fantasie und Tatendrang dabei auf der Strecke bleiben. Klar, wer krank ist und keine Spielgefährten hat, langweilt sich irgendwann. Aber ständige Langeweile ist ein Alarmsignal: Ihr Kind hungert eindeutig nach Anregungen, neuen Reizen, größeren Freiräumen. Jetzt sind Sie als Eltern gefordert.

So packen Sie's an

▶ Halten Sie sich beim Spielzeugkauf zurück. Lieber wenig Gutes als viel Unsinniges. Dinge, die sich verändern und anders verwenden lassen, fördern die Kreativität – besser als originalgetreue Mininachbauten.

Möglichkeiten im Alltagsleben entdecken

▶ Wagen Sie spielzeugfreie Zeiten – drinnen und draußen (siehe Kasten rechts oben).
▶ Gehen Sie mit Ihrem Sprössling so oft wie möglich in die Natur. Im Wald, auf Wiesen oder an Teichen werden Sie jede Menge »Spielzeug« entdecken. Nehmen Sie Holzstücke, Steine, Federn und Stöcke mit nach Hause.

WICHTIG

Hoch begabte Kinder

Hervorragendes Gedächtnis, schnelles Denk- und Reaktionsvermögen, die Fähigkeit zu absoluter Konzentration – wenn sie gefordert sind, drehen hoch begabte Kinder voll auf. Der Alltag ist für sie jedoch Langeweile pur, weil sie total unterfordert sind. Wenn Sie vermuten, dass Ihr Kind überdurchschnittlich intelligent ist, können Sie es testen lassen. Fragen Sie Ihren Kinderarzt, er weiß, wohin Sie sich wenden können.

TIPP!

Heute hat das Spielzeug Urlaub!

Fangen Sie mit einem spielzeugfreien Nachmittag zur Probe an: Verstauen Sie gemeinsam alles Spielzeug in Kisten und Regalen, so dass nichts mehr griffbereit herumliegt. Dann erzählen Sie Ihrem Kind, dass Sie ein »Experiment« machen wollen: spielen ohne Spielzeug. Fragen Sie es: »Hast du eine Idee, was du machen könntest?« Warten Sie geduldig ab und geben Sie höchstens kleine Anstöße: Nehmen Sie einen Kochtopf und schlagen Sie darauf.

Welche Töne gibt er von sich? Womit lässt sich noch Musik machen? Holen Sie eine Zeitung. Legen Sie einzelne Blätter als Brücke durchs Zimmer – wer danebentritt, landet im »Wasser«. Reißen Sie Fotos für eine Collage heraus. Falten Sie Schiffchen. Testen Sie, ob diese im Waschbecken schwimmen. Werfen Sie alle Kissen und Decken auf einen Haufen. Daraus lässt sich eine prima Höhle bauen! Ihrem Kind wird sicher noch viel mehr einfallen ...

▶ Geben Sie Ihrem Kind Aufgaben. Lassen Sie es Blumen gießen, staubsaugen, Nägel in ein Brett einschlagen. Übrigens: Echte Geräte sind immer interessanter als die Spielzeugversion.

Richtig dabei sein macht Spaß

▶ Sorgen Sie immer wieder für neue Anregungen. Probieren Sie Spiele gemeinsam aus, zeigen Sie, wie etwas funktioniert. Regen Sie Experimente an: malen auf Stoff und Glas statt auf Papier, Gipsabdrücke herstellen, Balanceakte auf Beetbegrenzungen ...

▶ Schaffen Sie Raum für Bewegung. Lassen Sie Ihr Kind so oft wie möglich draußen spielen. Und richten Sie möglichst auch zu Hause eine »Tobeecke« ein:

alte Matratzen, Kissen, vielleicht eine Schaukel im Türrahmen oder eine Hängematte.

▶ Halten Sie für Notfälle eine Anti-Langeweile-Kiste parat. Sammeln Sie darin alles, was für Ihr Kind spannend sein könnte: vielleicht ein kniffliges Spiel, Schminke, Glitzerknete, Schrauben, eine Rassel ...

Eigene Ideen statt vieler Anregungen

Lesen Sie hierzu auch:
- Bewegung, S. 34
- Computer & Co., S. 37
- Fernsehen, S. 46
- Konzentrationsmangel, S. 64
- Überfordert – unterfordert?, S. 109
- Unruhe, S. 115

Lernprobleme: Warum fällt das so schwer?

Neue Studien belegen, dass viele Kinder heute Lernprobleme haben. Experten führen diese vor allem auf Bewegungsmangel und fehlende räumliche Erfahrungen zurück. Aber es können auch andere Ursachen dahinter stecken.

Körper und Geist in Bewegung halten

Mögliche Gründe

▶ Ihr Kind könnte überfordert sein, weil es zu früh eingeschult wurde oder an Kindern gemessen wird, die sehr früh und intensiv gefördert wurden. Vielleicht kommt es auch mit dem Lernen im 45-Minuten-Takt oder den vielen Mitschülern nicht klar.

▶ Ihr Kind könnte unterfordert sein, sich langweilen und deshalb nicht aufpassen. So verliert es den Anschluss. Hoch begabte Kinder gelten häufig zunächst als lernschwach (siehe auch Seite 66). Sie stören den Unterricht, weil sie sich langweilen. Diese Kinder benötigen besondere Förderung.

▶ Ihr Kind könnte unmotiviert sein. Ohne Spaß und Erfolg beim Lernen fehlt der Antrieb.

So packen Sie's an

▶ Bereiten Sie Ihr Kind frühzeitig auf die Schule vor. Zeigen Sie, wie schön es sein wird, selber lesen und schreiben zu können.

Neugier und Vorfreude sind gute Starthelfer

▶ Halten Sie von Anfang an Kontakt zu den Lehrern. Gehen Sie nicht davon aus, dass sich die Lehrkräfte bei Ihnen melden.

▶ Forschen Sie nach den Ursachen von Lernproblemen. Liegt es an Ihrem Kind, an den Lehrkräften oder am Unterricht?

▶ Zeigen Sie Interesse an dem, was Ihr Kind lernen soll und will. Nehmen Sie sich jeden Tag Zeit, um darüber zu reden, was Ihr Kind bewegt.

▶ Wecken Sie die Lernfreude Ihres Kindes. Entwickeln Sie selbst spannende Aufgaben zu dem, was Ihr Kind in der Schule getan hat.

TIPP!

Hand aufs Herz

● Wie oft schimpfen Sie auf die Lehrer oder stellen deren Kompetenz in Frage?

● Zeigen Sie wirklich Interesse für Schulgeschichten Ihres Kindes oder hören Sie da nur halb hin? Loben Sie es für Lernerfolge?

● Wie beschäftigen Sie sich in Ihrer Freizeit? Lernen Sie gern dazu?

● Wann haben Sie das letzte Mal ein Buch gelesen – allein oder mit Ihrem Kind?

Gemeinsam neugierig sein

▶ Nutzen Sie die Neugier Ihres Kindes. Ermutigen Sie es, Fragen zu stellen, und fragen auch Sie. Gehen Sie Dingen gemeinsam mit Ihrem Kind auf den Grund.

▶ Loben Sie positive Lernergebnisse. Ihr Kind braucht Erfolge, damit das Lernen gelingt.

▶ Schaffen Sie eine angenehme und angstfreie Lernatmosphäre in einem störungsfreien Raum, in dem Ihr Kind sich wohl fühlt.

▶ Reservieren Sie tägliche Lernstunden, in denen Sie immer zur selben Zeit Hausaufgaben oder Entspannungsübungen machen. Auch hilfreich: gemeinsam malen oder Bilderbücher ansehen.

▶ Meditative Spiele schenken Ruhe und Konzentration. Ihr Kind kann im Spiel versinken, entspannen, neue Kraft schöpfen und Alltagsstress hinter sich lassen. Geeignet sind Puzzlespiele, Tangrams, Mandalas ausmalen.

Besinnung und Stille geben Kraft

▶ Sie können mit Ihrem Kind auch auf eine entspannende Fantasiereise gehen (siehe Kasten).

Lesen Sie hierzu auch:
- Bewegung, S. 34
- Hausaufgaben, S. 52
- Schulanfang, S. 94
- Verhaltensauffällig, S. 118

TIPP!

Fantastisch reisen – so erholt sich Ihr Kind

Ihr Kind liegt dabei bequem und mit geschlossenen Augen auf einer Decke. Sie beginnen langsam zu erzählen. Lassen Sie dabei immer wieder ausreichende Pausen:

▶ »Wir gehen jetzt gemeinsam auf eine wunderschöne Reise … Dafür musst du erst einmal alle deine Gedanken in einen Rucksack packen und den so lange wegstellen, bis wir wieder zurück sind … Lass dir Zeit und achte darauf, wie dein Atem ganz gleichmäßig durch den Körper strömt … Atme tief ein. Lass den Atem, wenn er durch deinen Körper gewandert ist, ganz langsam wieder aus deinem Mund heraus *(3-mal wiederholen)* … «

▶ »Jetzt geht's los: Auf einem fliegenden Teppich sausen wir in das Land deiner Träume … Du bist gelandet, schau dich ganz in Ruhe um und merke dir gut, was du siehst *(lange Pause)*. Es gibt lauter wunderschöne Sachen zu sehen: Blumen, Tiere , Menschen, Spielzeug … Schau dir alles ganz genau an *(lange Pause)*. Jetzt hörst du etwas. Was sind das für Geräusche, wo kommen sie her? Du folgst den Geräuschen. Du siehst Jungen und Mädchen in deinem Alter, die auf seltsamen Musikinstrumenten spielen, singen und tanzen. Du schaust ihnen zu … «

▶ Spinnen Sie die Geschichte noch etwas weiter. Nach etwa 10 Minuten beenden Sie die Reise:

▶ »Du möchtest jetzt wieder nach Hause fliegen und steigst auf deinen fliegenden Teppich … Die Reise ist kurz und schön: Du landest ganz weich auf deiner Decke und bist wieder zu Hause … Jetzt wirst du langsam wieder wach und öffnest, wenn du magst, die Augen.«

Linkshänder: Gar nicht so anders!

Linkshändigkeit zulassen

Früher wurden Linkshänder rigoros auf rechts »umgepolt« – heute wissen Pädagogen, dass das eher Probleme schafft als beseitigt: Sprach-, Konzentrations- und Schreib-Lese-Störungen können die Folge sein, ebenso wie Minderwertigkeitskomplexe und Unsicherheit.

Kinder kommen auch »mit links« gut durchs Leben: Linkshänder sind ebenso »normal« wie Rechtshänder und fast immer sehr kreative Menschen. Also keine Panik, wenn sich im zweiten bis dritten Lebensjahr herausstellt, dass Ihr Kind lieber die linke Hand benutzt. Testen Sie spielerisch, ob das nur eine zeitweilige Vorliebe ist oder ob die Händigkeit bereits ausgeprägt ist (siehe Kasten links unten). Wechselt Ihr Kind die Hand häufig, sprechen Sie am besten mit Ihrem Kinderarzt darüber.

Schreiben hat's in sich

Meist haben kleine Linkshänder bis zum Schuleintritt gar keine Schwierigkeiten. Schon Bestecke und Kinderscheren gibt es heute als linke Version zu kaufen. So können alle Kinder von klein auf ihre bevorzugte Hand benutzen und trainieren. Erst wenn es ans Schreiben geht, haben Linkshänder es oft schwerer. Ihr Kind braucht dann meist mehr Unterstützung als ein Rechtshänder. Wundern Sie sich nicht, wenn es langsamer arbeitet und schneller erschöpft ist. Das Schreiben strengt es anfangs sehr an. Zahlen, Buchstaben oder Wörter in Spiegelschrift, vertauschte und verdrehte Buchstaben sowie von rechts nach links geschriebene Wörter sind keine Seltenheit. Doch mit Ihrer geduldigen Anleitung überwindet Ihr Kind sicher auch diese Hürden bald. Und einen Preis in Schönschrift muss es ja nicht unbedingt gewinnen!

Alles mit links – das geht auch

TIPP!
Rechts oder links?

Um zu testen, welche Hand Ihr Kind bevorzugt, eignen sich spielerische Tests:
- Rollen Sie Ihrem Kind zum Beispiel auf dem Boden einen Ball zu. Mit welcher Hand greift es danach? Sie können ihm auch einen Ball oder ein Tuch zuwerfen.
- Lassen Sie Ihr Kind einen kleinen Hammer benutzen oder eine Schachtel öffnen, die sehr schwer aufgeht. Welche Hand arbeitet?

So packen Sie's an

▶ Informieren Sie den Lehrer. So bekommt Ihr Kind auch in der Schule die nötige Hilfe, etwa einen Platz mit günstigen Lichtverhältnissen für Linkshänder.

▶ Besorgen Sie das richtige Werkzeug: Scheren, Spitzer, Kindertaschenmesser und Füller gibt es speziell für Linkshänder. Zum Schreiben reicht am Anfang ein dreieckiger Bleistift.

▶ Achten Sie auf unverkrampfte Schreibhaltung. Die linke Hand sollte gerade und locker sein und sich auf den kleinen Finger stützen. Handrücken und Unterarm bilden einen stumpfen Winkel. Die Finger bleiben unter der Schreiblinie. Das Ende des Stiftes zeigt Richtung Schulter.

Den Arbeits-platz richtig einrichten

▶ Legen Sie Hefte stets in die richtige Position. Die Seite, auf der Ihr Kind schreibt, muss links von der Mittelachse des Körpers liegen. Das Heft liegt in einem Winkel von etwa 30 Grad schräg nach links gedreht. Vielleicht markieren Sie Ihrem Kind diese Lage auf seinem Schreibtisch.

▶ In vielen Schreiblernheften stehen die neuen Buchstaben und Wörter links. Für Linkshänder ungünstig, da sie sie mit dem Arm verdecken. Schreiben Sie Ihrem Kind alles auf die rechte Seite. Oder kleben Sie eine Kopie oben rechts ins Heft, wenn dort mehr Platz ist. Notfalls geben Sie Ihrem Kind die Vorlage auf einem Extrablatt.

Koordination trainieren

▶ Machen Sie gemeinsam Schwungübungen. Lassen Sie Ihren Linkshänder Kringel, Wellen, Schnecken, Kreisel, Schlaufen oder einfach nur Schlangenlinien malen, immer von links nach rechts. Wunderbar eignet sich auch eine liegende Acht. Wichtig dabei: Die Acht sollte so liegen, dass beim Malen die Körpermitte überquert wird. So werden beide Gehirnhälften aktiviert.

Lesen Sie hierzu auch:
● Hausaufgaben, S. 52
● Lernprobleme, S. 68
● Schulanfang, S. 94

Auch kleine Linkshänder dürfen heute selbstverständlich mit der Hand schreiben, mit der es ihnen leichter fällt.

Lügen:
Eine fantastische Welt

Lüge oder Fantasie? Das hängt vom Alter des Kindes und von der Situation ab.

Moritz (4 Jahre) kommt mit hochrotem Kopf ins Haus gelaufen. »Mama, im Garten ist eben ein UFO gelandet. Es hat Funken gesprüht. Dann sind grüne Männchen ausgestiegen. Die haben mich gefragt, ob ich mitfliegen will. Aber ich wollte nicht. Dann haben sie Erdbeeren gepflückt und sind wieder abgehauen.« Moritz trägt diese Geschichte mit großem Ernst vor und ist sehr erbost, dass ihm keiner glauben will. Er ist in der so genannten magischen Phase, in der die Fantasie mit Kindern ab und an durchgeht. Bis zum Alter von vier Jahren lügen Kinder noch nicht vorsätzlich und bewusst. Fantasie

Die rechte Balance finden

und Wirklichkeit vermischen sich einfach. Sie müssen erst lernen, mit der Wahrheit präziser umzugehen. Manchmal halten sie das für wahr, was sie sich sehr wünschen. Erst zwischen dem 5. und 7. Lebensjahr kann Ihr Kind sicher zwischen Realität und Fantasie, Wahrheit und Lüge unterscheiden – und Lügen bewusst einsetzen.
Viele Eltern sind erbost, wenn sie ihre Kinder beim Lügen ertappen. Lügen zerstört das Vertrauen – und Menschen, die sich nahe stehen und Vertrauen zueinander

WICHTIG

Immer die Wahrheit – wirklich?

Eltern sind Vorbild in Sachen Lügen: Experten haben ermittelt, dass Erwachsene bis zu 200-mal am Tag flunkern oder lügen. Sie nicht?! Wetten, doch! Sicher haben Sie schon öfter die Frage »Wie geht's?« mit »Danke, sehr gut!« beantwortet – auch wenn's nicht stimmte. Oder mit einer kleinen Übertreibung hie und da dafür gesorgt, dass persönliche Erlebnisse als Gesprächsstoff auf der Party taugten. Auch recht beliebt: die Notlüge von der kranken Großmutter, die Sie pflegen müssen, weshalb Sie einen unangenehmen Termin nicht wahrnehmen können ...

haben, belügen sich nicht – so denken die meisten. Doch wem dürften wir dann überhaupt noch vertrauen (siehe Kasten rechts)? Ohne Lügen geht es scheinbar nicht. Kinder begreifen das schnell. Sie lernen von uns Erwachsenen, mit Lügen umzugehen, und perfektionieren den Umgang damit zwischen dem siebten und neunten Lebensjahr. Da heißt es für Sie als Eltern aufpassen. Gehen Sie dem testenden Spiel Ihres Kindes mit der Lüge nicht auf den Leim. Und seien Sie selbst möglichst ehrlich.

Harmlose Fantasterei-en nicht über-bewerten

> **TIPP!**
> ## Hand aufs Herz
>
> ● Wie oft am Tag flunkern Sie?
> ● Haben Sie in Gegenwart Ihres Kindes schon geschwindelt? Musste Ihr Kind Sie schon am Telefon verleugnen?
> ● Geben Sie es freiwillig zu, wenn Sie geflunkert haben, oder reden Sie sich raus?
> ● Finden Sie kleine Flunkereien Ihres Kindes witzig und lachen darüber – oder korrigieren Sie solche Dinge?
> ● Bauschen Sie Erlebnisse mit und vor Ihrem Kind manchmal kräftig auf?

So packen Sie's an

Hilfreiche Grundregeln

▶ Nehmen Sie Flunkereien von Kindern unter vier Jahren nicht so ernst. Ihr Kind lässt so Träume wahr werden.

▶ Seien Sie Ihrem Kind ein gutes Beispiel, denn wenn es merkt, dass Sie oft kleinere »Vergehen« vertuschen, wird es die Wahrheit auch nicht so genau nehmen.

▶ Decken Sie Flunkereien und vor allem Lügen schonungslos auf. Sprechen Sie aber am besten zuerst unter vier Augen mit Ihrem Kind, stellen Sie es nicht vor »Publikum« bloß. Dramatisieren Sie die Dinge nicht, aber machen Sie Ihrem Kind klar, dass Sie den Schwindel durchschaut haben und erwarten, dass das die

Sachlich und alters-gerecht reagieren

Ausnahme bleibt. Seien Sie auch bereit, Lösungswege zu finden.

▶ Zeigen Sie Achtung und Respekt, wenn Ihr Kind eigene Lügen zugibt und aufdeckt.

Tipps für den »Ernstfall«

▶ Reagieren Sie nicht spontan mit Wut. Bleiben Sie gelassen und sachlich. Reden Sie über das Thema Schwindeln.

▶ Entwickeln Sie mit Ihrem Kind Strategien, um in Zukunft Lügen zu vermeiden. Klären Sie, warum Ihr Kind lügt – etwa aus Angst vor Strafe – und was Sie gemeinsam dagegen tun können.

Miteinander reden hilft auch einem kleinen »Münchhausen«

Lesen Sie hierzu auch:
● Angst, S. 26
● Gefühle, S. 48

Machtkämpfe:
Wer ist stärker?

Samstagvormittag im Supermarkt: eine lange Schlange vor der Kasse. Jana (5 Jahre) will ein Eis, Mama lehnt ab. Jana bettelt, Mama bleibt hart. Jana quengelt, andere Leute werden aufmerksam. Irgendwann wirft Jana sich auf den Boden, hält alle Leute auf. Janas Mutter ist das peinlich. Beim nächsten Mal bekommt Jana schnell ihr Eis. Sieg auf ganzer Linie! Jana hat gelernt, wie und wann sie Macht ausüben kann.

Kinder erspüren die »Schwachstellen« der Eltern

Aus Konflikten lernen

In jeder Familie gibt es immer wieder Auseinandersetzungen. Kinder testen naturgemäß aus, welche Rolle sie dabei spielen können. Kinder müssen ihre Position ausloten – und ausprobieren, wie es um ihre eigene Macht bestellt ist. Das ist für ihre Entwicklung wichtig.
Je demokratischer es im Elternhaus zugeht, umso weniger muss es zu Machtkämpfen kommen. Kinder lernen dann früh, dass man über (fast) alle Dinge sprechen und Regelungen oder Kompromisse finden kann. Kinder merken aber auch schnell, dass es manchmal nur eine Frage der Ausdauer ist, wer einen Machtkampf gewinnt – und dass sie ihre Eltern beherrschen können.

Kommt es zum Konflikt, versuchen es viele Eltern zunächst mit Bitten, Erinnern und Überredungskünsten. Später schmeicheln und ermahnen sie, um dann zu drohen: »Du gehst jetzt sofort ins Bett, sonst darfst du am Wochenende nicht bei deinem Freund schlafen.« Solche Aussagen schaffen ein fast unlösbares Dilemma. Das Kind fühlt sich machtlos und bedroht. Es gehorcht nicht aus Ein-

Die klassische Zerreißprobe für Elternnerven: Knatsch an der Kasse.

TIPP!

Hand aufs Herz

● Neigen Sie dazu, Konflikte unter den Teppich zu kehren oder auszusitzen?
● Können Ihre Kinder von Ihnen konstruktives Streiten lernen – oder reizt es Sie vor allem, aus einer Auseinandersetzung einfach nur als Sieger hervorzugehen?

sicht. Seine Chance, Selbstverantwortung zu lernen, wird eingeschränkt. Geben Sie als Eltern jedoch nach, merkt Ihr Kind, dass Sie manipulierbar sind. Es dreht den Spieß um und übt selbst Macht aus. Der einzige sinnvolle Weg: Konflikte nicht zu Machtkämpfen eskalieren lassen.

So packen Sie's an

Hilfreiche Grundregeln

Miteinander reden, gemeinsam Lösungen finden

▶ Streit gibt es in jeder Familie. Er muss aber nicht in Sieg oder Niederlage enden. Suchen Sie im gemeinsamen Gespräch, vielleicht in einer Familienkonferenz, nach Lösungen, die für alle akzeptabel sind. So gehen alle Beteiligten gestärkt daraus hervor – und Ihr Kind lernt das Streiten.
▶ Versuchen Sie nicht, Konflikte unter den Teppich zu kehren. Sie sind oft unangenehm, aber Konflikte bereichern das Leben auch.
▶ Betrachten Sie einen Streit

nicht als Drama. In einer Auseinandersetzung sollte es darum gehen, sachlich unterschiedliche Interessen abzuwägen, um dann gemeinsam eine Lösung zu finden.
▶ Werten Sie im Streit niemanden ab. Es geht dabei grundsätzlich um eine Sache – nicht um Personen. Und darum, sich vernünftig abzustimmen.
▶ Vermitteln Sie Ihrem Kind eine akzeptable Streitkultur: ruhig bleiben, Argumente austauschen, Kompromisse finden.

Auch Kinder haben ein Recht auf Respekt

Tipps für den »Ernstfall«

▶ Nehmen Sie Ihrem Kind den Wind aus den Segeln. Paula weigert sich standhaft, ihre Schuhe anzuziehen? Gut, dann muss sie auf Strümpfen losziehen und den Spott der anderen über sich ergehen lassen. Wo liegt das Problem?
▶ Mischen Sie sich nicht in Geschwisterstreit ein. Ihre Kinder müssen lernen, ihre Konflikte selbstständig zu regeln.
▶ Der Ton macht die Musik. Bleiben Sie auch in Auseinandersetzungen ruhig und freundlich. Ein scharfer Ton kann den Streit eskalieren lassen.

Höflichkeit hilft auch im Streit

Lesen Sie hierzu auch:
● Geschwister, S. 50
● Trotzanfälle, S. 106
● Tyrannen, S. 108
● Ungehorsam, S. 113

Mädchen – typisch?

»Das ziehe ich nicht an!« Zickig und eitel stehen sie schon mit vier Jahren morgens verzweifelt vor dem Kleiderschrank. Nicht bequeme Shorts, nein: Das beste Sommerröckchen soll es für den Kindergarten sein. Rüschenkleid und Lackschuhe, am besten lackierte Fingernägel und täglich eine neue Haarspange. Wie kommt das nur, fragen sich da sportlich-praktische Mütter in Jeans und T-Shirt: Meine Kleine ein Modepüppchen!? Andere wieder klagen, ihre Tochter sei kein »richtiges« Mädchen, eher so wild wie ein Junge.

Kinder haben ein Recht auf ihre Einzigartigkeit

Wie sollen Mädchen sein?

Heute Mädchen zu sein ist nicht gerade leicht. 30 Jahre Frauenbewegung haben ihre Spuren hinterlassen. Viele Eltern bemühen sich bewusst, ihre Töchter zu emanzipierten Frauen zu erziehen. Trotzdem existieren noch traditionelle Rollenvorstellungen – und Mädchen werden oft immer noch anders behandelt als Jungen. Sicher, mit plumper Gleichmacherei werden Sie den Unterschieden zwischen den Geschlechtern nicht gerecht. Doch um die Chancen Ihrer Tochter im späteren Leben zu verbessern, sollten Sie ihr ermöglichen, sich frei zu entfalten, und ihr helfen, ihre ganz eigene Weiblichkeit zu entdecken.

Dabei gibt es garantiert immer wieder Phasen, in denen sich Ihr Mädchen klischeehaft benimmt: sich herausputzt, verkleidet, Mama in häuslichen Tätigkeiten nacheifert … Hindern Sie sie nicht daran. Nur so finden Mädchen ihre Identität. Aber drängen Sie sie auch nicht in eine Rolle hinein: Wenn sie nicht als Fee zum Fasching gehen möchte, sondern als Indianerin, ist das in Ordnung. Lassen Sie Ihre Tochter selbst ihren Weg finden, ihre eigenen Interessen verfolgen.

Lassen Sie Ihr Mädchen so mädchenhaft sein, wie es selbst will – nicht so, wie es Ihnen gefällt.

So packen Sie's an

▶ Seien Sie nicht übertrieben vorsichtig und ängstlich. Mädchen müssen nicht mehr behütet werden als Jungen. Und wenn Sie ihnen Freiräume zugestehen, können sie sich auch in schwierigen Situationen beweisen. Das stärkt das Selbstbewusstsein.

So werden Mädchen stark

▶ Akzeptieren Sie, dass Mädchen auch laut, wild und aggressiv sein können. Freuen Sie sich über diese Energie – auch wenn es anstrengend ist.

▶ Es gibt kein »Puppen-Gen«! Bieten Sie Jungen wie Mädchen verschiedene Spielzeuge an: Teile zum Bauen und Konstruieren, Mal- und Bastelmaterial, Bewegungs- ebenso wie ruhige Tischspiele. Fördern Sie auch das Interesse an Musik, Sport, naturwissenschaftlichen Vorgängen und am Computer.

▶ Zeigen Sie Ihrer Tochter beizeiten, wie sie sich wehren kann – ob gegen boxende Jungen oder aufdringliche Erwachsene. Machen Sie aber auch klar, dass Zurückschlagen keine Lösung ist: Man kann auch mit Worten kämpfen (siehe auch Seite 89).

▶ Gönnen Sie Ihrer Tochter den Spaß an ihrem Körper. Und an farbenfrohen und fantasievollen Experimenten mit Kleidung, Frisuren und Make-up. Schon die Kleinsten finden es toll, sich mit

TIPP!

Hand aufs Herz

● Mütter sind ein wichtiges Vorbild für ihre Töchter. Deshalb: Wie haben Sie sich selbst in Ihrer Frauenrolle eingerichtet? Wie sind bei Ihnen zu Hause die Rollen verteilt?

● Was bedeutet für Sie wahre Schönheit? Gehören schlanke Taille, faltenfreie Haut und tolle Kleidung unbedingt dazu?

● Welche Frauen finden Sie gut? Wieso?

Cremetupfen auf Nase, Stirn und Wangen Clownsgesichter zu malen und beim Eincremen den Körper zu entdecken. Auch Faschingsschminke gibt's als Creme oder weiche Schminkstifte – damit können Kinder sich wunderbar von Kopf bis Fuß bemalen.

▶ Spielen Sie zusammen »Du bist wunderbar«. Beschreiben Sie einander jeweils in einem Satz, etwa: »Du bist stark, fröhlich, hast strahlende Augen, geschickte Finger, viel Energie.« Der andere versucht dann die genannte Eigenschaft mit seinem Körper darzustellen. Nach einiger Übung kann jeder sein Bild von sich pantomimisch vorstellen. Die anderen müssen dann erraten, warum derjenige »wunderbar« ist.

Ihr Kind erfährt, wie wundervoll es ist

Lesen Sie hierzu auch:
● Gefühle, S. 48
● Jungen – typisch?, S. 56

Omas, Opas – und andere Verwandte

Großeltern sind was Tolles: Sie hören sich alle Heldentaten aus dem Kindergarten begeistert an. Sie lesen stundenlang Märchen vor und lassen die Enkel auch beim zwanzigsten Mal Mensch-ärgere-dich-nicht gewinnen. Sie fangen manchen Kummer auf, wenn es mit den Eltern mal ordentlich geknallt hat, schenken Geborgenheit, schimpfen seltener als die Eltern und haben nicht so hohe Erwartungen. Kinder lieben Oma und Opa deshalb sehr. Mama und Papa haben damit leider häufig Probleme. Nicht immer ist das Verhältnis zu ihren Eltern und Schwiegereltern ganz entspannt. Oft gibt es gerade zum Thema Kindererziehung unterschiedliche Standpunkte. Versuchen Sie trotzdem, das Ganze locker zu sehen – Ihre Kinder werden es Ihnen danken.

Großeltern: geduldig, liebevoll und nachsichtig

Die schönen Seiten sehen

Freuen Sie sich, wenn Ihr Sprössling noch Großeltern und andere Verwandte hat, die er (regelmäßig) sehen kann. Die meisten Kinder kennen heute kein generationenübergreifendes Leben mehr. Deshalb ist gerade für kleine Kinder der Kontakt zur Verwandtschaft wichtig. Denn sie bewegen sich anfangs viel im familiären Umfeld und haben wenig außerhäusliche Kontakte. Durch Großeltern können sie den Unterschied zwischen den Generationen wahrnehmen und sich ein Bild vom Älterwerden machen. Oma und Opa erzählen alte Geschichten, vermitteln Traditionen und in Vergessenheit geratene Lebensweisheiten. Und sie sind hervorragende Babysitter, die viel Geduld aufbringen.

Oft scheint es, als liebten Oma und Opa ihre Enkelkinder bedingungsloser als einst die eigenen Kinder. Und das ist – obwohl Eltern das befürchten – nicht einmal problematisch. Denn Kinder können sehr gut zwischen zu Hause und den Großeltern unterscheiden. So weiß Ronja (6 Jahre), dass Oma es mit dem Aufräumen nicht so genau nimmt. Also lässt sie alles stehen und liegen. Oma macht das schon. Ronja weiß aber auch, dass Mama in diesem Punkt nicht mit sich verhandeln lässt. Für Mütter ist diese Situation nicht leicht. Aber vor allem im Interesse des Kindes sollten sie darüber hinwegsehen.

Vielfalt für Kinder meist ein Gewinn

Die Unterschiede genießen

So packen Sie's an

► Sehen Sie das Miteinander der Generationen als Gewinn. Projizieren Sie Ihre eigenen Schwierigkeiten mit Ihren Eltern nicht auf Ihre Kinder: Die erleben Ihre Eltern in einer völlig anderen Rolle. Reagieren Sie nur, wenn Ihr Kind ein sehr negatives Bild von seinen Großeltern hat.

► Machen Sie Ihrem Kind Unterschiede zwischen zu Hause und den Großeltern deutlich. Stellen Sie klar: »Hier wird vor dem Essen keine Cola getrunken, auch wenn du das bei Oma darfst.«

► Treffen Sie mit den Großeltern Absprachen über wirklich wichtige Regeln: Die Einlagen müssen auch bei Oma und Opa getragen werden, Fernsehzeiten werden höchstens minimal überschritten, und das Zähneputzen fällt auch nicht aus.

► Nehmen Sie Angebote zur Entlastung an. Verzichten Sie nicht darauf, nur

> **TIPP!**
>
> ### Hand aufs Herz
>
> ● Wünschen Sie sich manchmal, Ihre Eltern würden sich weniger in Erziehungsangelegenheiten einmischen? Oder wünschen Sie sich ab und zu mehr Unterstützung?
> ● Sind Sie eifersüchtig auf die Großeltern?
> ● Haben Sie immer Verständnis für Ihre Eltern oder Schwiegereltern? Nehmen Sie sich Zeit für Gespräche mit ihnen?

weil Sie Angst vor Abhängigkeiten haben. Sie können Hilfe annehmen, ohne immer gleich etwas dafür zu geben.

► Vertuschen Sie unterschiedliche Positionen nicht. Erklären Sie den älteren Leuten, warum Sie es nicht für notwendig halten, dass der Teller leer gegessen wird, aber darauf bestehen, dass Niko in der Wohnung keine Straßenschuhe trägt. Greifen Sie nicht ein, wenn die Großeltern in Aktion sind. Verbitten Sie sich aber umgekehrt auch jede Einmischung.

► Tolerieren Sie die altersentsprechende Andersartigkeit der Großeltern. Denken Sie daran: Auch wir werden einmal Großeltern. Gehen Sie ruhig etwas großzügig mit den »Macken« Ihrer Eltern um.

Verständnis für Alt und Jung aufbringen

Der perfekte Opa: ein guter Verlierer!

Lesen Sie hierzu auch:
● Egotrip, S. 40

Quasselstrippen: Pausenlos nervig

Lara (6 Jahre) redet wie ein Wasserfall auf alle ein. Sie mischt sich in jedes Gespräch und weiß auch mit vollem Mund noch was zu sagen. Ihre Eltern sind zwar auch stolz, weil Lara so gut spricht und sehr sprachgewandt ist. Aber sie erleben immer öfter, dass Lara andere einfach nervt. Verwandte ließen schon abfällige Bemerkungen über die »Quasselstrippe« Lara fallen. Und ihre beste Freundin sucht sich inzwischen andere Spielgefährten. So versuchen die Eltern, Lara »den Mund zu stopfen«, indem sie ihr Bücher vorlesen, Hörspielkassetten und Fernsehsendungen anbieten. Es hilft jedoch alles nichts.

Viele Kinder in Laras Alter können sich nicht so gut ausdrücken, haben Sprachstörungen und verfügen nur über einen geringen Wortschatz. Seien

Unerwünschte Alleinunterhalter: Manche Kinder reden ohne Punkt und Komma.

Sie also froh, wenn Sie auch so eine kleine Quasselstrippe zu Hause haben. Und sagen Sie ihr das auch. Was kleine Sprechtalente aber lernen müssen, sind Gesprächsregeln, die den Wortschwall regulieren (siehe unten). Die sollten Sie Ihrem Kind unbedingt beibringen. Und es sollte erleben, wie es bei anderen ankommt. Wahrscheinlich hat es nie erfahren, wie störend sein Verhalten tatsächlich ist. Geben Sie Ihrem Kind eine klare Rückmeldung.

Einfühlsam, aber nachdrücklich »Stopp!« sagen

Gesprächsregeln finden

Folgende Regeln – oder ähnliche – sollten bei Gesprächen gelten:

▶ Bevor ich rede, schaue ich, ob jemand anderes etwas sagen möchte. Ich nehme Rücksicht.

▶ Ich teile den anderen immer nur einen Gedanken mit und lasse dann sie zu Wort kommen. Ich höre den anderen gut zu.

▶ Ich versuche, nicht der Alleinunterhalter zu sein, und rede nicht mehr als andere.

▶ Wer redet, darf ausreden. Er wird nicht unterbrochen.

► Fordern Sie andere genervte Menschen auf, sich auch zu äußern, wenn etwas stört. Achten Sie aber darauf, dass sämtliche Rückmeldungen immer sachlich und nicht verletzend sind.

»Klartext« sprechen

► Äußern Sie sich direkt. Sagen Sie, warum es Sie stört und was Sie lieber hätten. Und zeigen Sie Konsequenzen auf: »Wenn du dich ständig in unsere Gespräche einmischst, schicke ich dich raus.«

Lesen Sie hierzu auch:
- Egotrip, S. 40
- Quengeln, S. 82

Lesen Sie hierzu auch:
- Egotrip, S. 40
- Quengeln, S. 82

TIPP!
Hand aufs Herz

- Gibt es in Ihrer Familie eine erwachsene Quasselstrippe, die ungebremst reden darf?
- Finden in Ihrer Familie viele Gespräche statt, bei denen Ihr Kind Kommunikation lernen kann? Oder läuft bei Ihnen während des Essens stattdessen der Fernseher?
- Können Sie selbst Ihrem Kind gut und ausdauernd zuhören?

► Beim Essen wird nicht unentwegt geredet – und mit vollem Mund gar nicht.
► Ich erlaube meiner Familie mir zu sagen, wenn ich nerve.

So packen Sie's an

► Forschen Sie nach den Ursachen für das Verhalten Ihres Kindes. Muss es sich durch die Quasselei Aufmerksamkeit verschaffen? Hat es ausreichend Gelegenheit sich zu äußern?

Übung macht den Meister – auch beim Kommunizieren

► Bieten Sie Ihrem Kind viele Gelegenheiten für Gespräche in der Familie. So kann es die Gesprächsregeln üben.
► Ignorieren Sie Ihr Kind, wenn es ständig redet. Loben Sie es, wenn es sich zurückhält: »Du hast es eben prima geschafft, nicht dazwischenzureden. Ich hab genau gemerkt, dass du gern etwas sagen wolltest.«

TIPP!
Kleine Quassler spielend beruhigen

Dieses Spiel ist nicht nur lustig, es zeigt Ihrem Kind auch, welche Wirkung eine Quasselstrippe auf ihre Zuhörer ausübt:
► Spielen Sie mit den Handpuppen Ihrer Kinder. Ihre Puppe ist der Quassler, der ständig allen über den Mund fährt und pausenlos redet. Er ist gar nicht zu stoppen! Eben das aber soll die Prinzessin, die Ihre Tochter spielt, oder der Polizist, den Ihr Sohn darstellt, versuchen. Gelingt es, den Quassler freundlich, aber bestimmt zum Schweigen zu bringen? Das geht auch ohne Puppen: Schlüpfen Sie in die Rolle der Quasselstrippe. Beginnen Sie, Ihrem Kind etwas zu erzählen und Fragen zu stellen, die Sie sofort selbst beantworten. Ihr Kind soll versuchen, zu Wort zu kommen. Nach wenigen Minuten wechseln Sie die Rollen. Sprechen Sie danach über das Erlebte.

Quengeln
– keine Gnade!

Kleine Quäl-geister werden zu großen ...

Kennen Sie auch Kinder, die die Nummer mit der unangenehm weinerlichen Stimme draufhaben? Wenn sie anfangen zu jammern, sträuben sich einem alle Nackenhaare. Und rasch erfüllen genervte Eltern dann alle Wünsche. So lernen kleine Quengler bald, ihre »Waffen« zielgerichtet einzusetzen.

Wer aber als Kind gelernt hat, seine Hilflosigkeit herauszukehren, um andere Menschen für sich einzuspannen, tut das oft auch im weiteren Leben. Und die anderen springen, weil sie das Gequengel nicht aushalten, sich aber nicht trauen, dem Jammern ein Ende zu setzen.

TIPP!

Hand aufs Herz

● Geben Sie immer wieder schnell nach, wenn Ihr Kind quengelt?
● Äußern Sie selbst Ihre Wünsche direkt? Oder neigen Sie zum Jammern?
● Gehören Sie zu den allzeit bereiten rettenden Engeln, die sofort springen, wenn jemand Hilflosigkeit demonstriert?
● Nutzen Sie Erzählungen anderer Menschen gern, um die eigene »Leidensgeschichte« vortragen zu können?

So packen Sie's an

Hilfreiche Grundregeln

▶ Bleiben Sie konsequent und möglichst ruhig, auch wenn es noch so anstrengend ist. Quengeln darf auf keinen Fall Erfolg haben! Ein Nein bleibt in der Regel ein Nein.

▶ Reagieren Sie grundsätzlich nicht auf demonstrativ zur Schau gestellte Hilflosigkeit. Wenn Ihr Kind Hilfe benötigt, muss es das – natürlich seinem Alter entsprechend – äußern. Jammern und Quengeln dagegen führen nicht zu einem Hilfsangebot.

Tipps für den »Ernstfall«

▶ Sobald Ihr Kind zu quengeln beginnt, fordern Sie es sofort und unmissverständlich auf, seinen Wunsch in einem vernünftigen Ton vorzutragen.

▶ Machen Sie Ihrem Kind in ruhigem Ton deutlich, dass Sie das Quengeln wütend macht und Sie deshalb keine Lust haben, darauf einzugehen.

Auf »quengelfreier« Kommunikation bestehen

Lesen Sie hierzu auch:
● Egotrip, S. 40
● Machtkämpfe, S. 74

Schimpfwörter:
Pfui Teufel!

**Dampf ab-
lassen –
statt bö-
ser Worte
kann da
körperliche
Betätigung
helfen.**

Schon kleine Kinder schockieren ihre Eltern mit Schimpfworten: zärtlich necken-de, derbe und dumme. Die ersten Schimpfwörter lernen sie meist in der eigenen Familie: Sie haben die Mama heimlich schimpfen und den Opa fluchen hören. Spä-ter bringen sie Worte aus dem Kindergarten oder der Schule mit und greifen auf der Straße Ge-hörtes auf. Eltern machen sich dann oft Sorgen um das Sprach-niveau ihrer Kinder. Aber meist lernen Kinder schnell zu unter-scheiden: Das Arschloch gehört auf die Straße, während der Arm-leuchter gerade noch zu Hause akzeptiert wird. Und Kinder lie-ben Sprachspielereien. Sie ki-chern sich kaputt über eigene

völlig unsinnige Wortschöp-fungen und »sammeln« un-flätige Schimpfwörter. Sie freuen sich diebisch darüber, etwas zu kennen, was Erwach-sene für unanständig halten.

Häufig kennen sie die Bedeu-tung der Worte gar nicht, ahnen aber die abwertende Einstellung, die dahinter steht. Gerade das macht die Sache so geheimnisvoll und so aufregend.

**Der Reiz des
Verbotenen**

Kinder haben ihre eigene Spra-che, mit der sie sich von den Er-wachsenen distanzieren wollen. Dazu gehören Schimpfwörter. Die Kids fühlen sich stark und mutig, wenn sie verbotene Worte benutzen – und sie sind bei Al-tersgenossen anerkannt. Wer flucht, macht sich über Autoritä-ten lustig, die sonst unangreifbar sind und setzt sich damit über gesellschaftliche Regeln hinweg. Tabus werden gebrochen – das macht stark.

TIPP!
Hand aufs Herz

● Tragen Sie dazu bei, dass zu Hause keine Schimpfwörter fallen? Oder welche Wörter haben Ihre Kinder von Ihnen gelernt?

So packen Sie's an

Hilfreiche Grundregeln

▶ Benutzen Sie selbst keine Schimpfwörter. Vermeiden Sie möglichst auch das Schimpfen.

▶ Ihr Kind muss rechtzeitig lernen, wo es welche Wörter benutzen kann, ohne dafür getadelt oder bestraft zu werden. Sprechen Sie als Eltern deshalb offen über solche Wörter, erklären Sie die Bedeutung und Wirkung, setzen Sie klare Grenzen.

Keine Scham vor Erklärungen

▶ Wer ein Schimpfwort aufgegriffen und nicht verstanden hat, darf es sich zu Hause erklären lassen. Dabei gibt es kein Tabu.

▶ Gespräche über Schimpfwörter gehören in jede Familie. Was passiert, wenn man im Kindergarten, in der Schule, gegenüber den Eltern oder Autoritäten Schimpfwörter benutzt? Wie fühlt sich Ihr Kind, wenn es mit Schimpfworten bedacht wird?

▶ Zeigen Sie Ihrem Kind Möglichkeiten, sich anders als mit Schimpfworten Luft zu machen: den Unmut sachlich und direkt äußern, das Zimmer verlassen und eine »Auszeit« nehmen, bis die Wut sich gelegt hat, sich sportlich betätigen, mit jemandem das Problem besprechen … oft hilft auch eine heimliche Beschimpfung ohne Zuhörer.

Wege, um den Zorn loszuwerden

So bekommen Sie die Situation in den Griff

▶ Schimpfworte sind im Elternhaus verboten. Benutzt Ihr Kind trotzdem welche, versuchen Sie zunächst, es zu ignorieren. Hilft das nicht, sprechen Sie das Verbot noch einmal deutlich aus und erklären Ihrem Kind, was in Ihnen vorgeht, wenn es Schimpfworte benutzt: »Es ist mir peinlich, dich auf dem Spielplatz so reden zu hören.« Daraus folgt als Konsequenz: »Ich gehe nicht mehr mit dir zum Spielplatz, wenn du Schimpfworte benutzt.«

Nachvollziehbare Grenzen setzen

▶ Überhören Sie Kindergespräche, die nicht für Ihre Ohren bestimmt sind.

TIPP!

Verrückte Schimpfworte

Ein Spiel für die ganze Familie: Jeder denkt sich Schimpfworte aus. Bedingung: Die Worte sind selbst erfunden, sie sind nicht unanständig und verletzen niemanden persönlich. Fünf Minuten reichen zum Überlegen, dann darf jeder der Reihe nach seine Schimpfwörter nennen. Auf diese Weise geben Sie Ihrem Kind die Möglichkeit, sich zu entlasten. Es darf »Un-Worte« benutzen, ohne jede Konsequenz. Sprechen Sie anschließend über die verwendeten Worte.

Lesen Sie hierzu auch:
● Machtkämpfe, S. 74
● Schlechtes Benehmen, S. 90

Schlafen gehen:
Noch gar nicht müde!

Carl (1 Jahr) braucht viel Schlaf. Aber leider nie mehr als 2 Stunden am Stück. Jan (4 Jahre) bekommt eine Flasche warmen Tee, ein Schnuffeltuch, einen Schnuller, seinen Teddy und natürlich eine Geschichte, bevor er endlich bereit ist, die Augen zu schließen. Sinas Eltern haben den Kampf mit ihrer Tochter (3 Jahre) längst aufgegeben. Sie wird vorsichtig ins Bett getragen, wenn ihr beim Spiel die Augen zugefallen sind. Solche Geschichten erzählen viele Eltern. Kaum ein Kind, das mit dem Schlafen nie Probleme hat. Und dessen Eltern nicht völlig übermüdet und genervt irgendwann alles tun würden, nur um endlich schlafen zu dürfen …

Versuchen Sie herauszufinden, warum Ihr Kind nicht schlafen gehen will und nicht durchschlafen kann. Vielleicht ist es sehr sensibel, und seine Gedanken kreisen noch lange um das, was am Tag passierte. Ängstliche und sensible Kinder haben besonders oft Einschlafprobleme: Einerseits benötigen sie viel Schlaf, andererseits gehen sie mit so vielen belastenden Gedanken ins Bett, dass an Einschlafen gar nicht zu denken ist. In diesem Fall sollten Sie sich viel Zeit nehmen, um mit Ihrem Kind über seine Ängste und Sorgen zu reden und sie ihm so zu nehmen.
Die Gründe für die Schlafproble-

Befreien Sie das Zubettgehen von »überflüssigem« Ballast: Einschlafen ohne viel Zubehör ist optimal.

me Ihres Sprösslings zu finden (siehe Kasten unten) ist der erste Schritt zu ungestörter Nachtruhe. **Einschlafbremsen finden** Hilfreich dabei ist ein Schlaftagebuch. Schreiben Sie alles auf, was dazu beigetragen haben könnte, wenn Ihr Kind schlecht schläft. Notieren Sie auch, wie viel Schlaf Ihr Kind braucht und wann es schläft. Oft stellt man so fest, dass die Schlafdauer des Kindes durchaus der Norm entspricht, der Tag muss vielleicht nur etwas anders geplant werden.

So packen Sie's an

▶ Altersabhängig haben Kinder etwa folgendes Schlafbedürfnis:
1. Halbjahr: 14 bis 16 Stunden
2. Halbjahr: 12 bis 14 Stunden
1 bis 4 Jahre: 11 Stunden
5 bis 9 Jahre: 10 bis 11 Stunden

▶ Akzeptieren Sie aber vor allem das individuelle Schlafbedürfnis Ihres Kindes – das von dem seiner Altersgefährten durchaus abweichen kann.
▶ Drängen Sie nicht – stressen Sie sich und Ihr Kind nicht, sondern nehmen Sie sich genug Zeit für ein Zubettgehritual.
▶ Achten Sie auf absolute Regelmäßigkeit. Ändern Sie die Schlafenszeit nur in ganz besonderen Situationen. Ihr Kind muss wissen: Um 19.30 Uhr ist Schlafenszeit, daran gibt es nichts zu rütteln. Auch wenn es noch nicht einschlafen kann, weiß Ihr Kind, dass jetzt Zeit zum Ruhen, nicht mehr zum Spielen ist. **Einen schönen Tagesabschluss schaffen**
▶ Sorgen Sie für einen immer gleichen Ablauf am Abend (zum Beispiel: Abendbrot, Waschen, Zähneputzen, Geschichte lesen,

---

WICHTIG

Warum Kinder nicht einschlafen

Es gibt viele Gründe, warum kleine Leute nicht schlafen können oder wollen.
● Die meisten Kinder brauchen sehr viel Bewegung und frische Luft, um müde zu werden.
● Auch große Aufregung, die Erwartung besonderer Ereignisse, Ärger und Enttäuschungen können zu Einschlafstörungen führen.
● Kinder, die viel Zeit vor Fernseher, Video oder PC verbringen und dort vielleicht mit Inhalten konfrontiert werden, für die sie noch nicht reif sind, haben ebenfalls oft Schlafstörungen.
● Ein weiterer Grund ist die Unregelmäßigkeit. Wer jeden Tag zu einem anderen Zeitpunkt ins Bett gebracht wird, kann kein Zeitgefühl und keine Gewohnheiten entwickeln.
● Außerdem sind Kinder von Temperament und körperlichen Bedürfnissen her verschieden. Selbst Geschwister haben ein unterschiedliches Schlafbedürfnis, das durchaus von üblichen Richtwerten abweichen kann. Je älter Kinder werden, umso weniger Schlaf benötigen sie.

schaffen (Krankheit, Streit oder Ähnliches), sagen Sie ihm, dass Sie zum Trösten ans Bett kommen, wenn es aufwacht. Helfen Sie ihm immer, wenn es ruft. Auch bei Albträumen braucht Ihr Kind Trost (siehe Kasten links). Holen Sie es aber nur in Ihr Bett, wenn Sie auf Dauer gern ein »Familienbett« haben möchten. Ansonsten kriechen Sie lieber für eine Weile mit ins Kinderbett.

Weitere Einschlafhilfen

▶ Bieten Sie Ihrem Kind abends, vor dem Zähneputzen, einen Schlummertrunk an: ein Glas warme Milch mit wenig Traubenzucker oder einen Früchtetee.

▶ Lassen Sie den ganzen Tag noch einmal Revue passieren, indem Sie Ihrem Kind eine »Zwergengeschichte« erzählen. Der kleine Zwerg, von dem Sie erzählen, erlebt den Tag noch einmal genauso, wie Ihr Kind ihn erlebt hat: »Morgens um 7 Uhr weckt die Mama den kleinen Zwerg mit einem Kuss. Aber der kleine Zwerg mag nicht aufstehen. Er versteckt sich unter der Bettdecke. Da kitzelt ihn die Mama wach … Schließlich liegt er wieder in seinem Bett und schlummert sanft ein …«

Gutenacht-geschichten zum Träumen

Zubettgehritual). So wissen kleine Leute: Der Tag ist vorbei.

▶ Beenden Sie den Tag gemeinsam: Was war gut an ihm? Was schlecht? Was hat besonders Spaß gemacht? Reden Sie 15 bis 30 Minuten mit Ihrem Kind. Das befreit von Sorgen. Dann ziehen Sie die Vorhänge zu. Morgen, nach dem Schlaf, ist ein neuer Tag.

▶ Geben Sie Ihrem Kind ein Lieblingsspielzeug mit ins Bett. Das hilft, sich in den Schlaf zu spielen. Ein Teil reicht aber. Zu viel lenkt nur vom Schlaf ab.

Unruhe vermeiden

▶ Sorgen Sie dafür, dass Ihr Kind in seinem eigenen Zimmer ungestört schlafen kann. Stören auch Sie den Schlaf Ihres Kindes nicht. Schauen Sie nicht ständig nach, ob alles in Ordnung ist.

▶ Macht Ihrem Kind etwas zu

Lesen Sie hierzu auch:
● Angst, S. 26

Schlagen, treten, raufen, drängeln ...

Ist Ihr Kind auch so ein kleiner Rowdy, der bei jeder Kleinigkeit ausrastet, auf andere losgeht, schlägt, kratzt und beißt? Dann steckt sicher auch hinter seiner wilden Fassade kein bösartiges, sondern ein hilfloses Wesen. Kinder entdecken mit drei oder vier Jahren zwar eigene Interessen und Bedürfnisse. Wie sie die am besten durchsetzen können, wissen sie jedoch noch nicht. Und da sie sich nicht anders zu helfen wissen, schlagen sie – bei entsprechendem Temperament – einfach wild um sich.

Erreicht Ihr Kind so sein Ziel, wird es beim nächsten Problem wieder so ver-

Toben und sich spielerisch zu verausgaben verhilft kleinen Rambos zu mehr innerer Ruhe.

TIPP!

Hand aufs Herz

Rutscht Ihnen, obwohl Sie es gar nicht wollen, doch ab und zu mal die Hand aus? Schläge lösen keine Erziehungsprobleme. Sie demütigen Kinder nur und fördern Frust und Aggressionen. Suchen Sie nach Möglichkeiten, Konflikte mit Ihrem Kind gewaltfrei auszutragen. Fragen Sie notfalls in Familienbildungsstätten oder beim Kinderschutzbund (Adressen siehe Anhang Seite 125) nach Hilfe.

fahren. Schnell ist es dann als prügelnder Außenseiter abgestempelt, und neue Aggressionen kochen hoch. Dulden Sie als Eltern sein aggressives Verhalten nicht: Ihr Kind braucht Grenzen und Orientierung. Nur so kann es lernen, mit seinen Aggressionen besser umzugehen.

So packen Sie's an

▶ Beziehen Sie deutlich Stellung. Zeigen Sie immer sofort, dass Sie Gewalt ablehnen.

Liebevolle Konsequenz und unendliche Geduld sind gefragt

▶ Stellen Sie klare Regeln auf: Schlagen, beißen, kratzen, treten, schubsen, spucken, jemanden an den Haaren ziehen oder ihm anders weh zu tun, ist verboten.

▶ Loben Sie gutes Benehmen.

▶ Schimpfen und strafen Sie nicht – handeln Sie stattdessen sofort konsequent: Wer andere mit Sand bewirft, darf nicht mehr mitbuddeln.

Manche Ursachen sind leicht abzustellen

▶ Beobachten Sie, wann es zu Handgreiflichkeiten kommt. So können Sie gezielt nach Lösungen suchen. Wird Ihr Kind vom überlegenen Spielpartner unterdrückt? Suchen Sie neue Gefährten, mit denen es besser klappt.

Tipps für den »Ernstfall«

▶ Zeigen Sie Ihrem Kind, wie es sich wehren kann. Besser als zurückzuschlagen sind Worte, wie »Nein« oder »Lass das!«

▶ Zeigen Sie Ihrem Kind, wie es sich gewaltfrei Luft machen kann. Raufen Sie zusammen. Machen Sie eine Kissenschlacht. Boxen Sie in die Matratze. Stampfen Sie auf den Boden. Schütteln Sie Arme, Beine und Kopf, bis der Ärger »herunterfällt«. Spielen Sie Löwe oder Tiger, strecken Sie die Zunge weit heraus, brüllen Sie laut.

Den Ärger rauslassen

▶ Helfen Sie Ihrem Kind, seine Interessen klar zu machen. Reden Sie viel mit ihm. Und trainieren Sie spielerisch, wie es sich in bestimmten Situationen verhalten kann. Loben Sie es, wenn es das auch im wirklichen Leben schafft.

Lesen Sie hierzu auch:
- Gefühle, S. 48
- Schlechtes Benehmen, S. 90
- Tyrannen, S. 108
- Verhaltensauffällig, S. 118
- Zorn und Wutausbrüche, S. 123

TIPP!
Konflikte spielerisch lösen

▶ Spielen Sie mit Ihrem Sprössling ein paar typische Szenen aus dem Leben eines Kindes, in denen es zu einer Auseinandersetzung kommt. Sie sind derjenige, der Ärger macht. Ihr Kind erhält die Aufgabe, eine Lösung für den Konflikt zu finden. Bedingung: Jede Lösung ist gut, nur geschlagen werden darf nicht. Spielen Sie verschiedene Lösungsmöglichkeiten durch und besprechen Sie dann, welche sich für das wirkliche Leben gut eignet. Beispiele für Konflikte:

▶ Jonas nimmt David das Spielzeug weg. Möglichkeit: David nimmt ein Spielzeug von Jonas: »Gut, dann tauschen wir.« Gefällt Jonas das nicht, muss er David sein Spielzeug zurückgeben.

▶ Sina will Lea nicht mitspielen lassen. Lösung: Lea beginnt ein eigenes Spiel. Vielleicht wird Sina neugierig und kommt dazu. Oder Lea fragt Sina nach einer Weile, ob sie mitspielen mag.

Schlechtes Benehmen – ganz schön peinlich ...

Endlich Urlaub! Die erste richtige Reise mit den Kindern. Doch die Freude der Eltern wird schon beim Abendessen im Familienhotel jäh gebremst. Felix (3 Jahre) und Jonas (5 Jahre) schmieren mit Nudeln und Soße herum, wischen ihre Tomatenfinger ins weiße Tischtuch, und auf dem tollen Buffet ist nichts vor ihnen sicher. Alles fassen sie an. Und als sich schließlich die ersten Gäste beschweren, bedauern die Eltern der beiden schon, dass sie sich auf diesen Urlaub im Hotel eingelassen haben ...

Klar, die beiden Jungen sind noch recht klein: Eine umgestoßene Milchtasse würde ihnen sicher jeder verzeihen. Perfektes Benehmen, noch dazu in einer fremden Situation, erwartet ja niemand. Doch einige Tisch-

manieren sollten Kinder auch in diesem Alter schon kennen. Ebenso wie etwas Höflichkeit und Rücksichtnahme. »Bitte«, »Danke«, ein freundliches »Hallo« oder »Guten Abend« und eine etwas gedämpfte Lautstärke, um andere nicht zu stören, sind sicher nicht zu viel verlangt. Doch dazu brauchen Ihre Kinder Sie dringend – als gutes Vorbild und als Leitfigur.

Kleine Gesten erhalten ein freundliches Klima

Gutes Benehmen vorleben

Felix und Jonas hätten mit Sicherheit keine solche Schlacht am kalten Buffet veranstaltet, wenn die Eltern ihnen vorab erklärt hätten, wie es in einem Hotelrestaurant zugeht. Hätten sie sie dort noch an die Hand genommen und ihnen gezeigt, wie alles funktioniert, wäre die erste Hürde genommen gewesen. Wenn Sie also höfliche, rücksichtsvolle Kinder mit guten Manieren haben möchten, müssen Sie als Eltern daran arbeiten. Das muss kein strenger Drill sein, wie er früher üblich war. Aber Sie

Attacke! Wenn Ihre Kinder so ungebremst über das Buffet herfallen, sollten Sie den Angriff dringend stoppen!

TIPP!

Die wichtigsten Benimmregeln in der Familie

Stellen Sie einen Minimal-Benimmcode auf, an den sich alle halten sollten. Etwa diesen:

1. Wir hören uns gegenseitig zu und lassen uns ausreden.
2. Wir sprechen nicht mit vollem Mund.
3. Wir schreien uns nicht an und werfen uns keine Schimpfwörter an den Kopf.
4. Wir sagen »Bitte«, wenn wir etwas möchten, und »Danke«, wenn wir es bekommen haben.
5. Wir entschuldigen uns, wenn wir jemandem etwas getan haben. Wir schauen ihn dabei an, geben ihm die Hand.
6. Wir begrüßen und verabschieden andere freundlich, am besten mit Handschlag.
7. Wir warten mit dem Essen, bis alle am Tisch sitzen.
8. Wir manschen nicht mit Essen herum und schmatzen nicht.
9. Wir bleiben bei einer Mahlzeit sitzen, bis alle fertig sind.
10. Wir nehmen beim Husten, Gähnen und Niesen die Hand vor den Mund und bohren nicht im Beisein anderer in der Nase.

sollten schon deutliche Richtlinien geben, an denen sich kleine Leute in den vielen komplizierten Situationen unseres Alltags orientieren können. Wenn Sie das von Anfang an tun, lernt Ihr Kind viele Dinge ganz nebenbei.

So packen Sie's an

Hilfreiche Grundregeln

Beste Voraussetzungen schaffen

▶ Gehen Sie respektvoll und höflich miteinander um. Das ist gut fürs Familienklima – und fürs weitere Leben. Und wer weiß, dass er zu Wort kommt, muss nicht durch schlechtes Benehmen auf sich aufmerksam machen.

▶ Tun Sie ohne »Bitte« und »Danke« gar nichts. Reagieren Sie nicht, bevor Sie diese »Zauberworte« hören. Erst ein »Bitte« zaubert Apfelsaft ins Glas, und erst das »Danke« sorgt dafür, dass das Glas tatsächlich vor einem stehen bleibt. Denken Sie selbst auch daran, wenn Sie mit Ihrem Kind sprechen, etwa: »Holst du bitte eine Flasche Apfelsaft?«

▶ Bestehen Sie auf höflichen Begrüßungen. Mag Ihr kleines Kind noch nicht jedem Fremden die Hand geben, kann es mit dem Kopf nicken. Größere Kinder sollten die Hand reichen. Ein Küsschen auf Kommando muss dagegen keineswegs sein. Zwingen Sie Ihr Kind nicht dazu.

Altersgerechte Kompromisse finden

▶ Kontern Sie Provokationen. Benimmt sich Ihr Kind schlecht, um Sie herauszufordern, machen Sie es ihm nach: Lümmeln Sie sich an den Tisch, schmatzen Sie, fragen Sie demonstrativ »Hä?« statt »Wie bitte?« Irgendwann wird es dem kleinen Provokateur bestimmt zu dumm.

▶ Essen Sie so oft wie möglich gemeinsam. Das trainiert Tischmanieren. Decken Sie den Tisch nett. Auch Kinder sollten nicht nur von Plastikteilen, sondern von richtigem Geschirr essen. Legen Sie Servietten parat, um Mund und Finger abzuwischen.

▶ Halten Sie sich konsequent an Ihre Familien-Tischregeln. Mit schönen Ritualen macht das mehr Spaß: Zünden Sie zum Beispiel eine Kerze an. Solange sie brennt, bleiben alle am Tisch sitzen. Oder Sie fassen sich alle an den Händen und sagen einen Tischspruch oder ein kurzes Gebet, bevor die Mahlzeit beginnt.

Gemeinsame Mahlzeiten stärken die »guten Sitten«

Öffentliche »Auftritte« üben

▶ Bewirten Sie gemeinsam Gäste. Laden Sie befreundete Familien ein. Ihr Kind kümmert sich dann um die kleinen Besucher, Sie um die großen. Oder bitten Sie Ihren Sprössling um Mithilfe, wenn Sie selbst Gäste haben. Vielleicht kann er Getränke reichen oder etwas abräumen. Er wird garantiert stolz darauf sein und sich absolut top benehmen.

▶ Gehen Sie zusammen in Restaurants. Suchen Sie geeignete Lokale (zum Beispiel mit Spielecke oder -platz) aus. Stellen Sie vorab klar, welches Benehmen Sie von Ihrem Kind erwarten. Loben Sie es dafür. Brechen Sie notfalls aber auch alles konsequent ab, wenn es nicht klappt.

▶ Weisen Sie auf Unterschiede zwischen Zuhause und Öffentlichkeit hin. Beim festlichen Essen zu Tante Hildes 70. Geburtstag herrschen strengere Regeln als beim heimischen Abendbrot.

▶ Überlegen Sie gemeinsam, wie Ihr Kind es schaffen kann, sie einzuhalten. Nehmen Sie zum Beispiel ein Tischspiel, Würfel oder ein Puzzle mit, so dass es sich allein oder mit anderen Kindern beschäftigen kann. Auch ein neues Malbuch und Buntstifte helfen beim Stillsitzen. Oder Sie lassen Ihr Kind aus Bierdeckeln ein Haus bauen. Eine wunderbare Lösung bei solchen festlichen Anlässen ist ein extra Kindertisch: Dort dürfen auch »Sonderregeln« gelten – und die Kids finden es toll, unter sich zu sein.

Gutes Benehmen immer wieder trainieren

Für besondere Anlässe gerüstet sein

Lesen Sie hierzu auch:
- Machtkämpfe, S. 74
- Trotzanfälle, S. 106
- Tyrannen, S. 108
- Verhaltensauffällig, S. 118
- Zorn und Wutausbrüche, S. 123

Schüchternheit: Ständig im Abseits

Nachmittags auf dem Spielplatz: Fünf Kinder hocken zusammen in der Sandkiste und bauen eifrig. Nur Timo (5 Jahre) weicht kaum von Mamas Seite. Mit viel Mühe kann sie ihn gerade mal zum Schaukeln überreden. Doch um seine Altersgenossen aus der Nachbarschaft macht er einen großen Bogen. Kinder wie Timo, die extrem scheu und zurückhaltend sind, haben meist Probleme mit ihrem Selbstwertgefühl. Sie sind unsicher und fürchten, abgelehnt zu werden. Vielleicht haben sie schon früh schlechte Erfahrungen gemacht und wollen kein »Mit dir spielen wir nicht!« mehr riskieren. Vielleicht haben sie auch nur nie gelernt, wie sie Kontakt aufnehmen können. Dann wird es Zeit, dass Sie als Eltern das mit Ihrem Kind üben.

Kleine Mauerblümchen brauchen freundliche Unterstützung

So packen Sie's an

▶ Laden Sie Spielbesuch ein. Ein Kind statt einer ganzen Gruppe in vertrauter Atmosphäre – das ist eine gute Gelegenheit, sich in Sozialverhalten zu üben. Bieten Sie den Kindern vielleicht anfangs Spiele an, ziehen Sie sich dann aber zurück.

▶ Bringen Sie Ihr Kind unter Leute. Nehmen Sie es zu befreundeten Familien mit, gehen Sie in Bastel- oder Kindergruppen. So erlebt Ihr Kind Sie bei der Kontaktaufnahme. Und Begegnungen mit anderen werden zur Routine.

▶ Lassen Sie Ihrem Kind Zeit. Zum Beobachten, zum »Beschnüffeln« der anderen, zum langsamen Vortasten. Setzen Sie es keinesfalls unter Erfolgsdruck.

Ihr Kind gibt selbst das Tempo vor

▶ Oft helfen auch ganz einfache Tricks: Seien Sie zuerst da. Schüchterne Kinder kommen oft besser zurecht, wenn sie die Ersten in Kindergarten oder Turngruppe sind. Versuchen Sie es.

Lesen Sie hierzu auch:
- Angst, S. 26
- Klammern, S. 60
- Unselbstständigkeit, S. 117

TIPP!
Hand aufs Herz

● Wie kontaktfreudig sind Sie selbst? Fällt es Ihnen leicht, Fremde oder beinahe Unbekannte anzusprechen? Fühlen Sie sich in größeren Gruppen wohl? Oder stehen Sie öfter abseits?
● Vielleicht ist Ihr Kind ein bisschen so wie Sie. Akzeptieren Sie das.

Schulanfang: Start in den »Ernst des Lebens«

Endlich geht es los! Schluss mit dem Kindergarten und rein ins »richtige Leben«. Die meisten Kids können ihren ersten Schultag kaum erwarten. Aber es gibt auch andere, die diesem großen Ereignis mit gemischten Gefühlen entgegensehen.

Schulfähig sind sie, keine Frage. Und doch sind da so einige Kleinigkeiten, die sie ängstigen, vielleicht auch noch überfordern: das Stillsitzen zum Beispiel oder neue Kontakte zu knüpfen. Manchmal fehlt auch ein kleines bisschen Selbstbewusstsein, um sich in einer großen Gruppe von Gleichaltrigen gut behaupten zu können. Schließlich sind nicht alle Sechsjährigen in ihrer sozialen Reife gleich weit. Jedes Kind entwickelt sich anders und in seinem ureigenen Rhythmus.

Ab heute ein »großes Kind«

Stark machen – nicht drängen

Gehört Ihr Kind zu den Spätstartern, braucht es jetzt ganz besonders Ihre liebevolle Unterstützung. Geben Sie ihm Mut und Stärke für den großen Tag und die neuen Herausforderungen, die vor ihm liegen.

WICHTIG

Was ABC-Schützen können sollten

Die Schule stellt spezielle Anforderungen an Ihr Kind. Helfen Sie ihm, eventuelle Defizite gezielt auszugleichen. Darin sollte Ihr ABC-Schütze auf jeden Fall fit sein:

● Er sollte seinen Körper beherrschen (balancieren, auf einem Bein hüpfen, Hampelmann).

● Er sollte über Fingerfertigkeit verfügen: Striche und Kringel malen, mit der Schere an einer Linie entlangschneiden, Papier reißen und falten, Knöpfe öffnen und schließen, mit Kleber umgehen, Perlen auffädeln, Mikado spielen können.

● Seine sinnliche Wahrnehmung (sehen, hören, tasten, fühlen) sollte funktionieren.

● Er sollte logisch denken und frei erzählen können.

● Er sollte selbstsicher genug sein, um sich in der Klasse zu Wort zu melden, seine Meinung und seine Wünsche zu äußern.

● Er sollte neugierig sein, eine gewisse Ausdauer haben, sich konzentrieren und sich etwas merken können.

● Er sollte kontaktfreudig sein, Kinder wie Erwachsene ansprechen, sich in eine Gruppe einfügen und Regeln einhalten können.

● Er sollte Anweisungen folgen und Konflikte aushalten können, kompromissbereit sein und sich selbst unter Kontrolle haben (nicht vordrängeln oder dazwischenreden).

Doch auch bei Kids, die in all diesen Dingen keine Probleme haben und dem Schulstart begeistert entgegenfiebern, läuft nicht immer alles ganz glatt. Ein tiefer Einschnitt ist die Einschulung auf jeden Fall – nicht nur für den ABC-Schützen, sondern für die ganze Familie. Denn der gesamte Alltag verändert sich grundlegend. Das erfordert schon etwas Vorbereitung und vorausschauende Planung.

Versuchen Sie vor allem, praktische und organisatorische Dinge vorab gut in den Griff zu bekommen. So kann Ihr Kind sich voll auf Buchstaben, Zahlen und das soziale Miteinander in der Klasse konzentrieren. Dann kommt auch der Spaßfaktor nicht zu kurz. Und der motiviert die Kids schließlich am besten und sorgt so für Lernerfolge.

Mit Spaß lernt sich's besser

So packen Sie's an

So sind Sie gut organisiert: hilfreiche Grundregeln

▶ Machen Sie Ihr Kind mit seinem Schulweg vertraut. Die ersten Tage werden Sie es sicher noch begleiten. Aber wahrscheinlich will Ihr Sprössling schon bald allein oder mit Klassenkameraden zur Schule gehen. Zeigen Sie ihm deshalb den besten Weg und laufen Sie ihn gemeinsam mit Ihrem Kind mehrere

Male ab. Weisen Sie dabei auf Verkehrsregeln, Ampeln und Zebrastreifen hin.

▶ Üben Sie morgendliche Routine ein. Ihr Kind muss morgens pünktlich in der Schule sein. Das wird ihm anfangs sicher schwer fallen. Trainieren Sie deshalb schon einige Wochen vor dem Schulstart den neuen Ablauf. Planen Sie dabei unbedingt genug Zeit fürs Frühstück ein.

▶ Lassen Sie »Keine Lust« nicht länger gelten. In der Schule geht es nicht mehr nach Lustprinzip. Üben Sie mit Ihrem Kind, solche »Null-Bock-Phasen« zu überwinden. Beenden Sie ein Tischspiel immer. Lesen Sie ein Buch oder ein Kapitel ganz durch. Lassen Sie Ihr Kind aufräumen, bevor es etwas Neues beginnt.

Jetzt ist langsam Selbstdisziplin gefragt

Freude aufs Lernen wecken – so motivieren Sie Ihr Kind

▶ Wecken Sie Neugier auf die Schule. Erzählen Sie Ihrem Kind, was es dort alles erleben wird. Machen Sie Lust aufs Lernen und schüren Sie keine Ängste.

▶ Kaufen Sie gemeinsam für die Schule ein. Lassen Sie Ihr Kind seinen Ranzen selbst aussuchen und stolz auf dem Rücken nach Hause tragen. Eine Liste mit Arbeitsmaterial bekommen Sie in der Regel von der Schule. Besorgen und beschriften Sie es gemeinsam. Dann kann Ihr Kind seinen Ranzen schon packen.

▶ Fördern Sie Kontakte zu anderen Kindern. Vor allem zu zukünftigen Klassenkameraden, aber auch zu Erwachsenen. Vielleicht kann Ihr Sprössling allein kleine Besorgungen machen. Oder Spielkameraden in der Nachbarschaft ohne Ihre Begleitung besuchen. Trauen Sie ihm etwas zu.

Lesen, Schreiben, Rechnen – so bereiten Sie Ihr Kind vor

Schon beim Sprechenlernen den Weg bereiten

▶ Sprechen Sie klar und deutlich. Achten Sie auch bei Ihrem Kind auf eine gute Aussprache. Formen Sie die Laute bewusst mit dem Mund. Betonen Sie einzelne Silben hörbar. Besonders gut geht das beim Vorlesen.

▶ Regen Sie Ihr Kind zum »Schreiben« an. Würdigen Sie Kritzeleien und Schreibversuche

Eine Schultüte voller schöner Überraschungen macht den Start noch aufregender.

jeder Art. Schenken Sie Ihrem Sprössling ein Heft oder basteln Sie aus einzelnen Blättern ein »Buch«, das er mit Bildern, Gekritzel und vielleicht auch schon mit einzelnen Buchstaben füllen kann.

▶ Sorgen Sie dafür, dass Ihr Kind seine Feinmotorik trainiert: Lassen Sie es kneten, zeichnen, schneiden, reißen, falten, kleben, Perlen auffädeln.

▶ Wichtig auch für die Feinmotorik und fürs praktische Leben: Knöpfe unterschiedlicher Größe auf- und zumachen, Reißverschlüsse schließen, Schleifen binden. Malen Sie die Umrisse eines Kinderfußes auf stabile Pappe, schneiden Sie ihn aus und lochen Sie sechs Löcher, jeweils zwei gegenüber, hinein. Eine bunte Kordel hindurchziehen, und fertig ist der »Übungsschuh«.

TIPP!

Es muss nicht immer Süßes sein

In die »Zuckertüte« passen auch gut: schöne Buntstifte, ein witziger Radiergummi, der Tuschkasten für die Schule, ein reflektierender Anhänger für den Anorak, eine Kassette mit Liedern für ABC-Schützen, eine Trinkflasche für die Pause, Haarspangen, kleine Bücher, eine Tasche für die Busfahrkarte oder Namensschilder.

Lesen Sie hierzu auch:
- Hausaufgaben, S. 52
- Lernprobleme, S. 68
- Linkshänder, S. 70
- Unselbstständigkeit, S. 117

Suppenkasper: Immer dieses Gemäkel!

»Das mag ich aber nicht!« Ein Satz, der vielen Eltern regelmäßig den Appetit verdirbt. Statt einer gemütlichen Familienmahlzeit gibt's dann wieder nervige Endlos-Diskussionen zur Ernährung. Oder Mama lässt sich erweichen und zaubert für Junior schnell etwas anderes auf den Teller.

Genuss auf Kinderart Wenn es nach den meisten Kids gehen würde, kämen jeden Tag nur Nudeln, Hamburger, Pommes frites, Cola und Gummibärchen auf den Tisch. Gemüse, Salat, Obst und Milch – darauf könnten sie gut ganz verzichten. Resultat: Sie essen zu viel Süßes und zu viele tierische, meist fettreiche Lebensmittel, aber zu wenig pflanzliche. Wen wundert's da, dass immer mehr kleine Leute mit Übergewicht kämpfen: 15 bis 20 Prozent aller Schulkinder sind heute bereits zu dick! Dabei sind unsere Wohlstandskinder trotz Babyspeck mit wichtigen Nährstoffen unterversorgt, wie die Deutsche Gesellschaft für Ernährung immer wieder warnt. Hier sind Sie als Eltern gefordert, denn das Essverhalten wird bereits in jungen Jahren nachhaltig geprägt. Ob ein Kind mit Fast Food oder Vollkornbrot aufwächst, ist langfristig entscheidend für Gewicht, Gesundheit, Wohlbefinden und Leistungsfähigkeit. Achten Sie also, auch wenn es anstrengend ist, bewusst auf gesunde Familienkost – zum Wohle Ihres Kindes.

Übergewicht schon früh vorbeugen

So packen Sie's an

▶ Ignorieren Sie Gemäkel: Gegessen wird, was auf den Tisch kommt – von allen. Kochen Sie eine Mahlzeit für die ganze Familie. Wer etwas partout nicht mag, darf es weglassen – bei Hunger nach dem Essen aber auch nicht gleich zur Schokolade greifen!
▶ Erfüllen Sie Essenswünsche. Jedes Familienmitglied darf sich reihum sein Leibgericht bestellen.

Keine »Extrawürste« braten

TIPP!
Hand aufs Herz

● Wie steht's mit Ihren Essgewohnheiten? Welches sind Ihre Lieblingsspeisen? Was kommt gar nicht auf den Teller?
● Sind Sie in Sachen gesunder Ernährung wirklich ein Vorbild?
● Frühstücken Sie morgens in Ruhe mit Ihrem Kind? Wie oft sitzt die ganze Familie gemeinsam gemütlich am Tisch?

Und alle essen ohne Murren mit. Servieren Sie notfalls eine »gesunde« Version, also zum Beispiel Vollkornnudeln mit Soße und knackigem Salat.

Gesunde Alternativen finden

▶ Beziehen Sie Ihr Kind in die Vorbereitungen der Mahlzeiten ein: Planen und Einkaufen sind wichtige Aufgaben, die Spaß machen. Wenn Ihr Kind auch noch selbst mit schneidet und rührt, schmeckt es ihm später bestimmt.

▶ Tischen Sie keine allzu exotischen Speisen auf. Oder mildern Sie sie zumindest ab. Kinder haben ein intensives Geschmacksempfinden. Sehr scharfe Gewürze und ausgefallene Aromen sind nicht ihre Sache.

▶ Kochen Sie mit Fantasie. Gemüse lässt sich gut in einer pürierten Cremesuppe verstecken oder roh bunt gemixt auf Spieße stecken. Frisches Obst süßt Quarkspeisen.

▶ Locken Sie mit leckerem Nachtisch. Selbst gekochten Pudding, Grießbrei, Joghurt und Obst lieben die meisten Kinder. Aber: Das gibt's wirklich nur, wenn vorher auch Kartoffeln und Gemüse gegessen wurden.

▶ Machen Sie Ihre Mahlzeiten zum täglichen Fest. Ein nett gedeckter Tisch und entspannte Atmosphäre sind gute Zutaten für ein gelungenes Familienessen. Da schmeckt es allen gleich noch mal so gut! Und ganz nebenbei probiert Ihr Kind sicher das eine oder andere, was es bisher nie gegessen hat.

Wie lecker Gemüse sein kann, davon lassen sich viele Kinder nur schwer überzeugen.

TIPP!
Die richtige Mischung macht's

Das Forschungsinstitut für Kinderernährung in Dortmund empfiehlt eine »optimierte Mischkost«. Dazu gehören:
● reichlich pflanzliche Nahrungsmittel wie Obst, Gemüse, Vollkornprodukte und Hülsenfrüchte, möglichst frisch, naturbelassen und vollwertig. Außerdem ausreichend kalorien- und zuckerarme Getränke;
● mäßig tierische Nahrungsmittel wie Fleisch, Fisch und Eier;
● möglichst sparsam fett- und zuckerreiche Lebensmittel.
Eine solche Ernährung tut der ganzen Familie gut. Da sind dann auch ab und zu eine kleine kulinarische Sünde oder ein Abstecher ins Fast Food-Schlaraffenland gestattet.

Lesen Sie hierzu auch:
● Hilfe im Haushalt, S. 54
● Schlechtes Benehmen, S. 90
● Süßigkeiten, S. 99

Süßigkeiten: Lust und Last

Schokolade, Bonbons, Gummibärchen – heute ist überall Schla-
raffenland. Solchen süßen Versu-
chungen kann kein Kind wider-
stehen. Kommt dann noch der
versteckte Zucker in »normalen«
Lebensmitteln wie Säften, Corn-
flakes, Fruchtjoghurt oder Müs-
liriegeln hinzu, ist die erlaubte
Tagesration von 150 bis 200 Ka-
lorien (das sind 15 bis 20 Stück
Würfelzucker oder neun Bonbons) schnell überschritten. Wer
von klein an auf den Geschmack
gebracht wird, kann später kaum
gegen seinen chronischen Appetit
auf Süßes ankämpfen. Den
Grundstein legen Sie als Eltern.
Üben Sie mit Ihrem Kind den
bewussten Umgang mit Süßem,
dann darf die ganze Familie auch
mal kleine Sünden genießen –
ohne schlechtes Gewissen.

Genuss mit schwerwie-genden Folgen

So packen Sie's an

▶ Kategorisch alles Süße zu verbieten ist keine Lösung. Sie wissen ja: Die verbotenen Früchte
schmecken immer am besten.

▶ Lassen Sie Süßes nicht herum-
liegen. Die Verlockung ist einfach
zu groß. Sammeln Sie Süßigkeiten in einer »Naschkiste«. Auch
süße Geschenke kommen da hinein. Einmal täglich darf sich jeder
etwas daraus nehmen.

▶ Bieten Sie Ersatz an: Trocken-
früchte, Studentenfutter und ein
paar Stücke frisches Obst stillen
auch den Appetit auf Süßes.

▶ Achten Sie auf »gesunde« Zwi-
schenmahlzeiten – oder zumindest herzhafte. Wie wär's mit einem Vollkornbutterbrot, Salz-
stangen oder Reiswaffeln statt
Schokoplätzchen? Auch Gurken-
und Paprikastücke lassen sich gut
knabbern. Und wenn schon Kek-
se, dann bitte die aus Vollkorn.

▶ Setzen Sie Süßigkeiten nicht
als Belohnung oder Trostpflaster
ein. Zeit und Familienaktionen
statt Süßes sollte die Devise sein.

Auch Gesundes kann süß schmecken

Lesen Sie hierzu auch:
- Konsumrausch, S. 62
- Suppenkasper, S. 97

TIPP!
Hand aufs Herz

● Brauchen Sie Süßes als »Nervennahrung«?
Steht auch beim Fernsehen immer etwas in
Reichweite? Dann sollten Sie versuchen, Ihr
Essverhalten zu ändern. Denn wie wollen Sie
sonst Ihrem Kind glaubwürdig klar machen,
dass es auf Schokolade verzichten soll?

Toilette:
Immer noch Windeln?

Seit es Wegwerfwindeln gibt, werden kleine Leute immer später sauber. Und jedes Kind hat dabei sein eigenes Tempo. Das eine geht mit 20 Monaten schon auf die Toilette, das andere erst mit drei Jahren. Das eine ist tagsüber schon früh trocken, braucht aber nachts noch lange eine Windel. Ein anderes verzichtet von einem Tag zum anderen ganz darauf, ohne dass ein Malheur passiert. Irgendwann lernen es alle – darauf sollten Sie als Eltern einfach gelassen vertrauen. Haben Sie also Geduld!
Schließlich ist es eine große Leistung für Ihr Kind. Etwa zwischen dem 18. und 36. Monat lernt es zwar, seine Schließmuskeln zu kontrollieren. Doch das allein reicht noch nicht. Es muss auch Anzeichen für ein »Bedürfnis«

rechtzeitig erkennen und dann schnell genug handeln. Oft sind Kinder einfach viel zu sehr in ihr Spiel vertieft, um rechtzeitig auf die Toilette zu kommen – da kann schon mal etwas danebengehen. Machen Sie kein großes Aufheben darum. Sie haben ja bestimmt eine Waschmaschine. Und irgendwann klappt's sicher!

Jetzt wird's ernst …

Wenn der erste Tag im Kindergarten naht, versuchen die meisten Mütter, ihr Kind wenigstens tagsüber trocken zu bekommen. Leider üben sie dann oft Druck aus, so dass Versuche im wahrsten Sinne des Wortes in die Hose gehen. Weniger Stress wäre hier für alle Beteiligten gut. Schließlich verliert kein Knirps seinen Kindergartenplatz, nur weil er es vielleicht nicht jedes Mal schnell genug zur Toilette schafft. Sprechen Sie mit der Leiterin, wie eng die Windelregel in der Tagesstätte gesehen wird. Vielleicht haben Sie auch die Möglichkeit, Ihr Kind noch ein paar Wochen zu Hause zu lassen. Ist das nicht machbar, weil Sie – zum Beispiel wegen

Wenn der Countdown läuft …

Anfangs sehr aufregend – der Gang auf die Toilette.

Berufstätigkeit nach der Elternzeit – sofort auf den Kindergartenplatz angewiesen sind, lassen Sie Ihren Sprössling schon einige Zeit vorher tagsüber ohne Windel herumlaufen. Sprechen Sie das Problem unbedingt offen an. Die meisten Erzieherinnen haben Verständnis dafür. Und eine Tasche mit Ersatzkleidung löst das praktische Problem.

Vorlaufzeit einplanen

So packen Sie's an

▶ Beginnen Sie nicht zu zeitig: Frühestens mit zwei Jahren lohnen sich erste Versuche. Will Ihr Kind partout nicht, warten Sie noch weiter ab. Machen Sie auf keinen Fall Druck. Aber unterstützen Sie Ihren Sprössling jederzeit, wenn er von sich aus die Windel ablegen möchte. Auch wenn es für Sie umständlich ist – lassen Sie ihn gewähren.

Ganz ohne Druck das Kind unterstützen

▶ Schließen Sie sich selbst nicht ein. Eine offene WC-Tür ist sicher erst einmal gewöhnungsbedürftig. Aber Ihr Kind beobachtet Sie und ahmt Sie nach. Lassen Sie es also zugucken. Vielleicht hat es dann Lust, sich auch mal auf die Toilette zu setzen.

▶ Bestehen Sie nicht auf dem Töpfchen. Manche Kinder finden es toll, andere mögen es überhaupt nicht. Sie möchten viel lieber gleich auf die richtige Toilette gehen. Es gibt inzwischen Kinderaufsätze dafür, die mit Hocker davor oder sogar mit kleiner Treppe toll für Knirpse sind. Falls Ihr Kind ohne diesen Sitz so wie die Großen sitzen mag, akzeptieren Sie es und halten Sie es anfangs notfalls fest.

▶ Zwingen Sie Ihr Kind keinesfalls, stundenlang auf Töpfchen oder Toilette zu sitzen. Viele kleine Leute haben dafür einfach keine Zeit und entwischen mit heruntergezogener Hose schnell wieder ins Kinderzimmer. Kein Wunder, wenn dann was auf dem Teppich landet. Lassen Sie Ihr Kind selbst bestimmen, wie lange es sitzen bleiben möchte. Vielleicht mag es dabei etwas in der Hand halten oder ein Bilderbuch ansehen, weil Papa immer mit der Zeitung auf dem Klo sitzt. Vielleicht will es aber auch nur ganz kurz auf die Toilette, wenn es absolut nötig ist.

Kleine »Unfälle« nicht überbewerten

▶ Schenken Sie Ihrem Kind eine Pipi-Puppe. Babypuppen, die die Windeln nass machen, wenn sie ihr Fläschchen bekommen haben, sind ein tolles Spielzeug in diesem Alter. Ihr Sprössling kann sie nämlich auch auf ein passendes Töpfchen setzen. Das reizt dazu, es auch selbst auszuprobieren.

Lesen Sie hierzu auch:
- Bettnässen, S. 32
- Kindergartenstart, S. 58
- Unselbstständigkeit, S. 117

Trennung der Eltern: Ende der heilen Welt?

Michel (4 Jahre) hat Probleme im Kindergarten. Er ist unausgeglichen, an manchen Tagen sogar richtig aggressiv. Auch Sprachstörungen zeigen sich seit einigen Monaten. Die Erzieherin kann sich das nicht erklären. Das alles ist so untypisch für den sonst fröhlichen Jungen. Deshalb bittet sie die Mutter um Hilfe. Die erzählt, dass Michels Vater ausgezogen ist – die Eltern leben in Scheidung. Aber warum reagiert Michel so? Schließlich hat sich sein Vater früher auch kaum um ihn gekümmert.

Jedes Kind reagiert anders

Verluste machen Angst

Kinder haben ein feines Gespür: Sie merken schnell, wenn etwas nicht in Ordnung ist. Michels Eltern haben viel gestritten, die Stimmung war gereizt, der Vater fast nie zu Hause, die Mutter oft traurig. Michel spürt die Veränderung, fürchtet den völligen Verlust des Vaters. Sein Verhalten ist ein Zeichen von Hilflosigkeit und Ohnmacht.
Die Trennung der Eltern wirft Kinder aus der Bahn. Sie reagieren oft mit Ängsten, wilden Fantasien, Aggressionen, Einnässen, Sprachstörungen, Hilflosigkeit, häufigem Weinen und Stagnation in der Entwicklung. Manche Kinder flüchten sich in andere Welten, nach dem Motto »Ich bin die Prinzessin im Märchenschloss«. Andere reagieren mit Wutanfällen, Machtgebaren oder beginnen wieder zu klammern und in eine frühere Entwicklungsstufe zurückzufallen. Manche Kinder fühlen sich auch schuldig: Sie glauben, Mama und Papa hätten sich getrennt, weil sie nicht immer brav waren. Kinder können das, was wirklich zwischen Eltern geschieht, nicht verstehen. Sie hören sich zwar Erklärungen an, nicken vielleicht auch dazu – aber begreifen können sie es nicht.
Das Wichtigste für Kinder ist jetzt, dass sie so schnell wie möglich wieder einen verlässlichen Rahmen mit festen Regeln bekommen. Sie brauchen Halt

Trennung – damit wird kein Kind so einfach fertig.

und Schutz. Sie müssen zum Beispiel wissen, bei wem sie wohnen und wann sie den anderen Elternteil besuchen können. Und sie sollten erleben, dass ihre Eltern weiter für sie da sind – und trotz der zerbrochenen Familie noch miteinander reden und sich respektieren.

So packen Sie's an

▶ Sagen Sie Ihrem Kind, dass die Trennung nichts mit ihm zu tun hat. Erklären Sie immer wieder: »Papa und Mama haben sich nicht mehr lieb, aber dich haben wir beide sehr, sehr lieb. Daran wird sich auch nichts ändern.«

Ihr Kind braucht Schonung und noch mehr Sicherheit

▶ Bemühen Sie sich Ihrem Kind gegenüber um Objektivität. Machen Sie den anderen nicht schlecht, Ihr Kind liebt nach wie vor beide und darf deshalb kein schlechtes Gewissen entwickeln.

▶ Benutzen Sie Ihr Kind nicht als »seelischen Müllabladeplatz«.

▶ Geben Sie Ihrem Kind jetzt besonders viel Wärme, Zuwendung, Sicherheit und Verständnis. Sorgen Sie dafür, dass es das möglichst auch vom anderen Elternteil bekommen kann.

▶ Sprechen Sie mit der Erzieherin Ihres Kindes, sie kann Ihrem Kind helfen.

▶ Schaffen Sie es nicht allein, suchen Sie eine Beratungsstelle auf. Damit die Trennung so friedlich

TIPP!

Sinnvolle Vereinbarungen

● An Geburtstagen sind beide Eltern zum Feiern (zumindest für kurze Zeit) dabei.

● Besprechen Sie sich miteinander, dass keiner von Ihnen zum Superstar wird, der alles erlaubt und große Geschenke macht.

● Der Elternteil, bei dem das Kind nicht wohnt, wird regelmäßig besucht. Lassen Sie Ihr Kind auch regelmäßig mit dem ehemaligen Partner telefonieren.

● Auch wenn man nicht mehr miteinander leben will, kann man miteinander reden. Auf jeden Fall sollte das aber möglich sein, wenn die Kinder anwesend sind.

● Wenn der Schock noch sehr tief sitzt, bitten Sie Großeltern oder andere Verwandte, die Übergabe zu regeln.

● Reden Sie mit Ihrem Kind über die Trennung. Überfordern Sie es aber nicht mit Details und Einzelheiten.

wie möglich verläuft, können Sie eine Scheidungsvermittlung anrufen (im Telefonbuch unter Familien- oder Psychosoziale Beratungsstelle). Treffen Sie Ihren Kindern zuliebe verlässliche Absprachen (siehe Kasten oben).

Hilfe in Anspruch nehmen

Lesen Sie hierzu auch:
● Klammern, S. 60
● Trotzanfälle, S. 106
● Verhaltensauffällig, S. 118
● Zorn und Wutausbrüche, S. 123

Trödeln:
Dauernd zu spät dran!

Jeden Morgen dasselbe Spiel: Jan (4 Jahre) trödelt so lange, bis Mama der Kragen platzt. Sie muss ins Büro! Doch immer kommen sie erst in letzter Minute aus dem Haus. Im Kindergarten bleibt keine Zeit mehr, sich in Ruhe zu verabschieden. Kein guter Start in den Tag! Und das, obwohl genug Zeit gewesen wäre.

Solche Szenen bringen Eltern regelmäßig auf die Palme. Dabei ist das Problem einfach die Unvereinbarkeit von Welten. Auf der einen Seite die der Erwachsenen mit tickenden Uhren und exakt geplanten Terminen. Auf der anderen die Welt des Kindes, zeit- und ziellos, in der alles für kleine Ewigkeiten stillzustehen scheint. Frühestens in der Schule bekommen die Kids eine Art Zeitgefühl. Bis dahin

leben sie in ihrem eigenen Hier und Jetzt, kennen nur den Augenblick, können nicht vorausplanen. Wenn sie auf dem Weg zum Bad ein Bilderbuch finden, vergessen sie sofort das Zähneputzen. Und erst Mamas »Wo bleibst du denn?« fünf Minuten später reißt sie wieder davon weg.

Aufmerksamkeit ertrödeln

Trotzdem sollten Sie sich fragen, ob hinter den Trödeleien mehr stecken könnte. Vielleicht möchte Ihr Kind Ihre Aufmerksamkeit auf sich ziehen, weil gerade ein Geschwisterchen gekommen ist. Oder es fühlt sich im Kindergarten noch unsicher. In solchen Fällen soll das Trödeln Ihnen nur zeigen: Ich brauche Hilfe. Reagieren Sie darauf, dann wird das Trödeln wieder weniger. Und wenn nicht, braucht Ihr Kind vielleicht doch einfach noch ein wenig mehr Zeit.

Manchmal fast nicht auszuhalten: Kleine trödeln, Großen machen die Termine im Nacken Stress.

Was kleine Bummler sich wünschen

So packen Sie's an

Hilfreiche Grundregeln

▶ Ist das Trödeln ein Hilferuf, sollten Sie Ihrem Kind mehr Aufmerksamkeit schenken: eine Extraportion Zeit und Zuwendung nur für dieses Kind allein.

▶ Kalkulieren Sie anders: Wer mit kleinen Kindern pünktlich sein will, muss entsprechend planen. Auch wenn's schwer fällt: Stehen Sie selbst etwas früher auf oder beginnen Sie eher mit den Vorbereitungen zum Aufbruch. Lassen Sie sich auch auf dem Weg Zeit, um hier und da mal zum Gucken stehen zu bleiben.

Praktikable Lösungen finden

So bekommen Sie die Situation in den Griff

▶ Wecken Sie Neugier und Vorfreude auf das, was kommt: »Heute bastelt ihr Laternen im Kindergarten.« Oder: »Guck mal, der Brunnen da vorn.« Solche Anreize wirken oft motivierend.

▶ Veranstalten Sie einen Wettkampf: Mal sehen, wer zuerst fertig ist – du oder ich! Das spornt an. Und wenn Sie Ihrem Kind eine Chance lassen, hat es tolle Erfolgserlebnisse.

▶ Verteilen Sie Turbo-Punkte. Wer fix ist, bekommt bunte Punkte oder Sterne zum Aufkleben. Wer trödelt, geht leider leer aus. Wer zehn gesammelt hat, be-

kommt eine vorher abgesprochene Belohnung, etwa eine Turbo-Fahrradtour mit Picknick.

▶ Üben Sie Zeitplanung. Im letzten Jahr vor der Schule sollte Ihr Kind langsam lernen, mit Zeit umzugehen. Sonst wird es dann morgens hektisch. Stellen Sie ihm für verschiedene Tätigkeiten – etwa das Anziehen am Morgen – einen Wecker. Trainieren Sie früheres Aufstehen und einen Routineablauf (aufstehen, anziehen, frühstücken …).

Tipps für den »Ernstfall«

▶ Lassen Sie Ihr Kind die Folgen spüren. Wer trödelt, verpasst einiges im Leben. Er kommt vielleicht nicht mehr in den Kindergarten hinein. Die Tür ist verschlossen. Manche Kinder müssen das erst mal hautnah erleben. Wenn Sie selbst morgens pünktlich zur Arbeit müssen, ist das natürlich keine Lösung. Dann muss Ihr Kind vielleicht einfach mal im Schlafanzug und ohne Frühstück los, wenn es zu lange getrödelt hat.

Auch einmal peinliche Konsequenzen zulassen

▶ Bleiben Sie gelassen. Schimpfen nützt gar nichts. Atmen Sie lieber tief durch und lassen Sie sich nicht stressen.

Lesen Sie hierzu auch:
- Schulanfang, S. 94
- Zeitdruck, S. 121

Trotzanfälle:
Wenn der Bock stößt ...

Im Supermarkt ist Lorenz (3 Jahre) inzwischen bestens bekannt. Mehrmals hat er sich dort schon brüllend und strampelnd auf der Erde gewälzt ... Dazu kamen dann noch die Sprüche anderer von »Das arme Kind!« bis hin zu »Dem fehlt nur eine ordentliche Tracht Prügel!«

In der Trotzphase – etwa im Alter zwischen 18 Monaten und drei Jahren – ist Ihr Kind für Sie oft fast unerträglich. Aber es braucht diese Phase – Pädagogen sprechen von Autonomiephase –, um sein eigenes Ich zu entwickeln. Es ist die erste Rebellion in seinem Leben: gegen die Eltern, Grenzen, die Welt der Erwachsenen, für die es noch lange viel zu klein ist, gegen seine eigenen Gefühle, die es noch nicht begreift. Schimpfen und Strafen nützen gar nichts. Es macht wütende Zwerge nur noch trotziger. Versuchen Sie also, es ruhig durchzustehen.

Kleine Rebellen proben den Aufstand

Selbst bei den heftigsten Trotzern ist dann mit spätestens sechs Jahren alles vorbei. Man sagt außerdem, dass die schlimmsten Minirebellen dafür in der Pubertät nicht mehr so anstrengend sind. Und das ist doch immerhin ein Lichtblick ...

So packen Sie's an

Hilfreiche Grundregeln

▶ Machen Sie Ihren Gefühlen möglichst oft Luft – etwa im Gespräch mit Ihrem Partner oder einer Freundin –, üben Sie sich bei den Anfällen Ihres Kindes aber in Gelassenheit und tun gar nichts.

▶ Ihr Kind möchte gern selbst Entscheidungen treffen. Lassen Sie es zu. Wenn es statt der Mütze das Stirnband aufsetzen möchte – warum nicht? Sie verringern so das Risiko von Ausrastern. Und Ihr Kind merkt, dass es ernst genommen wird. Es gibt noch genug Streitpunkte, bei denen Sie hart bleiben müssen.

▶ Gehen Sie kritischen Situationen aus dem Weg. Wann tobt Ihr Kind besonders schnell? Bei Lärm, Übermüdung, Menschenmengen? Immer nur im Supermarkt? Gehen Sie in diesem Fall möglichst allein einkaufen, vielleicht abends, wenn Papa schon zu Hause ist.

Den Alltag »entschärfen«

▶ Machen Sie Ihr Kind zum Einkaufshelfer. Beschäftigen Sie es im Supermarkt mit kleinen Aufträgen: »Pack doch bitte mal die Milch in den Wagen.« Oder: »Wo waren noch mal deine Lieblingskekse?« Ihr Kind kommt sich wichtig vor und ist beschäftigt.

▶ Nehmen Sie sich jeden Tag einige Minuten Zeit. Entspannen Sie sich und stellen Sie sich vor, Sie stecken in einer glänzenden Rüstung. Sie schützt sie rundherum. An ihr prallt das Gebrüll Ihres Kindes ebenso ab wie dumme Sprüche von Außenstehenden.

So bekommen Sie die Situation in den Griff

▶ Brüllen nie belohnen: Tobt Ihr Kind, gibt's kein Nachgeben, keine Kompromisse mehr. Sonst haben Sie für lange Zeit verloren.

»Hart« bleiben: Grenzen müssen verteidigt werden

▶ Sagen Sie sich immer wieder: »Der Trotz meines Kindes hat nichts mit mir persönlich zu tun. Ich bin dafür nicht verantwortlich. Ich bleibe ganz ruhig!«

▶ Zeigen Sie Auswege auf. Vielleicht: »Ich will jetzt noch zum Bäcker, wo es die leckeren Brezeln gibt. Wenn du dich beruhigt hast, kannst du ja mitkommen.«

Tipps für den »Ernstfall«

▶ Verhindern Sie Schäden. Besteht die Gefahr, dass Ihr Kind sich selbst oder andere verletzt, zerstört es in seiner Wut Dinge, müssen Sie eingreifen.

▶ Verlassen Sie notfalls den Ort des Geschehens: Tragen Sie Ihr Kind ins Auto. Es darf erst wieder raus, wenn es sich beruhigt hat. Zu Hause lassen Sie es sich allein austoben. Gehen Sie in ein anderes Zimmer, atmen Sie tief durch. Das ist besser, als daneben zu sitzen und selbst immer wütender zu werden.

▶ Lassen Sie sich weder Schuldgefühle einjagen noch provozieren. Ignorieren Sie dumme Bemerkungen oder kontern Sie: »Ich finde, das macht mein Kleiner toll! Hat er auch lange geübt.« Oder: »Interessanter Vorschlag. Das werde ich mit dem Vater dieses Kindes diskutieren!«

▶ Stecken Sie ein süßes Kinderfoto ins Portemonnaie. Kommt's ganz dick, werfen Sie schnell einen Blick drauf: Ihr kleiner Schatz ist trotzdem toll! Und Trotz zeugt auch von Willensstärke. Freuen Sie sich darüber.

▶ Reden Sie mit Ihrem Kind. Nach dem großen Aufruhr braucht es Zärtlichkeit. Nutzen Sie das Kuscheln, um ihn in Ruhe zu fragen: »Warum warst du so außer dir? Wie können wir solche Szenen verhindern?«

Auch wenn es sich im Moment mit knallrotem Kopf am Boden wälzt – eigentlich ist es doch sooo lieb, oder?

Lesen Sie hierzu auch:
● Tyrannen, S. 108
● Zorn und Wutausbrüche, S. 123

Tyrannen: Täglich gibt es Terror!

Sie lassen sich von übermüdeten Eltern spätabends im Auto spazieren fahren, bis sie endlich gnädig einschlafen. Sie weigern sich stur, ihre Haare bürsten zu lassen, wenn dabei nicht der Fernseher läuft. Der Terror von Kindern hat viele Gesichter. Doch was immer für Schikanen sich die kleinen Tyrannen ausdenken – ihre Familien können sie damit an den Rand des Wahnsinns treiben.

Lassen Sie es als Eltern deshalb gar nicht erst so weit kommen. Wenn kleine Leute schon im Windelalter merken, dass jeder Wunsch prompt erfüllt wird, haben Sie bald einen kleinen König über sich. Lassen Sie sich als Eltern das Zepter nicht aus der Hand nehmen: Kinder brauchen von klein auf klare Grenzen.

Geben Sie das Zepter nicht aus der Hand. Kinder brauchen Liebe – und klare, verlässliche Regeln.

So packen Sie's an

▶ Setzen Sie eindeutige Grenzen. Für Ihr Kind, die ganze Familie, aber auch für sich selbst. Ab wann geht etwas für Sie zu weit? Weichen Sie nicht davon ab – auch nicht, weil Sie müde sind, weil Ihr Kind nervt oder versucht, Sie zu erpressen.

▶ Keine leeren Drohungen. Kündigen Sie nur Konsequenzen an, die Sie durchsetzen können. Und: Reden Sie nicht, handeln Sie.
▶ Sagen Sie Ihrem Kind, dass Sie nicht auf Erpressungen eingehen. Und loben Sie es, wenn es damit aufhört.
▶ Achten Sie darauf, dass Ihr Tyrann keine Erfolge für sich verbuchen kann. Herrschsüchtiges Verhalten darf sich nicht lohnen! Lassen Sie ihn einfach links liegen. Ignorieren Sie ihn und fahren Sie in Ihren Aktivitäten und Gesprächen untereinander ohne ihn fort. Wahrscheinlich macht ihn das erst noch wütender. Doch mit der Zeit merkt er, dass er so nicht weiterkommt. Beachten Sie ihn erst wieder, wenn er sich »normal« verhält.
▶ Bleiben Sie bei alledem ruhig und sachlich. Werden Sie trotzdem mal lauter, entschuldigen Sie sich bei Ihrem Kind. Schließlich sind Sie kein Erziehungsroboter, sondern auch nur ein Mensch.

Konsequenz bringt kleine Tyrannen zur Vernunft

Lesen Sie hierzu auch:
● Trotzanfälle, S. 106
● Ungehorsam, S. 113
● Zorn und Wutausbrüche, S. 123

Überfordert – unterfordert?

Zwischen Töpfern, Kreativkurs und Musikalischer Früherziehung, Englisch für Vorschulkinder und Ballett bleibt vielen Kids heute kaum Zeit zum Spielen, geschweige denn zum Verarbeiten des Erlebten. Irgendwann sind sie einfach überfordert. Und je nach Temperament igeln sie sich ein oder nerven überdreht ihre Umwelt. Nicht selten sind auch Schlafstörungen, Appetitlosigkeit, Bauch- oder Kopfschmerzen Zeichen dafür, dass Kindern ihr Alltag einfach zu viel ist.

Wenn der Körper um Hilfe ruft

Hinzu kommt noch, dass kleine Leute in unserer bewegungs- und kinderfeindlichen Gesellschaft leider viel zu oft wie Mini-Erwachsene behandelt werden (siehe auch Seite 34). Still sitzen und brav sein sind angesagt. Kindgerecht ist das alles wirklich nicht. Und spaßig garantiert auch nicht. Im Gegenteil: Solchen Ansprüchen gerecht zu werden überfordert kleine Leute häufig total. Kein Wunder, wenn sie irgendwann ihrem Frust Luft machen und komplett aus dieser aufgezwungenen Rolle fallen.

Doch es gibt auch die Kehrseite: Kinder, die von ihren besorgten Eltern überbehütet und in Watte gepackt werden, können viele Erfahrungen des normalen Kinderalltags gar nicht selbst machen. Oder kleine Leute, deren Eltern sich aus Zeitmangel oder Unkenntnis zu wenig mit ihnen beschäftigen. Solchen Kindern fehlt es schnell an Herausforderungen und Anregungen für ihre weitere Entwicklung. Sie sind unterfordert und hungern regelrecht nach neuem »Futter« für ihren Geist. Bekommen sie es nicht, resignieren sie irgendwann und verkümmern, oder sie lehnen sich auf.

Neugier und Wissensdurst unbedingt nutzen

Fördern statt fordern

Sie sehen also: Jedes Extrem schadet Kindern. Die Kunst ist es, den goldenen Mittelweg zu finden. Fest steht, dass das Gehirn in den ersten zehn Lebensjahren entscheidend geprägt wird. Wer sich in dieser Zeit mit vielen verschiedenen Dingen auseinander setzt, dem fällt auch später das Lernen leichter. Eine Förderung unserer Kinder schon im Vorschulalter ist daher durchaus sinnvoll. Doch wie diese Förderung genau aussehen soll, dafür kann es keine generellen Empfehlungen geben.

Jetzt werden die Weichen gestellt

Schließlich hat jedes Kind seine ganz persönlichen Interessen, Stärken, Schwächen, aber auch Grenzen der Belastbarkeit. Hat Ihr Sprössling nur mal einen schlechten Tag, ist das sicher noch kein Grund, aus einem angefangenen Kurs ganz auszusteigen. Doch wenn Kids ständig keine Lust zu etwas haben, nur widerwillig teilnehmen, schließlich gar nicht mehr mitmachen wollen, sollten Sie sie nicht dazu zwingen. Der Spaß sollte nie auf der Strecke bleiben. Beobachten Sie Ihr Kind. Sprechen Sie ruhig auch mit anderen Eltern, den Kursleitern oder Betreuern, ob diese das ebenso empfinden. Nur so können Sie erkennen, was Ihrem Kind gut tut und ab wann eine Förderung in Überforderung umschlägt. Eine Gratwanderung, für die Sie viel Fingerspitzengefühl brauchen.

Balance zwischen Freude und Pflichtgefühl schaffen

So packen Sie's an

▶ Überprüfen Sie kritisch Ihre eigenen Ansprüche. Es geht nicht darum, was Ihr Kind Ihrer Meinung nach schon in jungen Jahren lernen sollte. Es geht einzig und allein um die Bedürfnisse und Interessen Ihres Kindes. Wenn es völlig unmusikalisch ist, wird es nie ein Instrument wirklich gut beherrschen.
▶ Lassen Sie sich nicht verunsichern. Machen Sie sich auch frei von allen »Vorschriften« darüber, was Kinder angeblich lernen sollten. Suchen Sie aus dem breiten Angebot das heraus, was zu Ihrem Kind passt.
▶ Machen Sie Ihrem Kind spielerisch unterschiedliche Angebote. Sie werden schon früh Vorlieben entdecken: Malt und bastelt es gern, oder müssen Sie alle angefangenen Arbeiten selbst beenden? Singt es Lieder mit? Braucht Ihr Kind viel Bewe-

Individuelle Voraussetzungen akzeptieren

Das beste »Fördermittel« überhaupt: gemeinsam lesen.

Träume und
verborgene
Talente ent-
decken

gung? Ist es ausgeglichener, wenn es sich ordentlich austoben kann? Hat es Ballgefühl? Ist es eine Wasserratte? Liebt es Ponys und Pferde? Beobachten Sie Ihr Kind gut, dann werden Sie bald entdecken, was ihm liegen könnte.

▶ Nutzen Sie Schnupperangebote. Schauen Sie in Gruppen, Kurse und Vereine hinein. Beobachten Sie Ihren Sprössling genau. Nehmen Sie nur das in die engere Auswahl, was ihm wirklich Spaß macht. Akzeptieren Sie, wenn Ihr Kind sich für manches gar nicht begeistern kann. Dann probieren Sie einfach etwas anderes aus.

▶ Schaffen Sie eine fördernde Umgebung. Sorgen Sie für viele Anregungen im Alltag (auch mit Töpfen und Dosen lässt sich Musik machen). Geben Sie Ihrem Kind zu Hause die Möglichkeit

zum Basteln, Werken, Experimentieren. Stellen Sie ihm unterschiedliche Materialien – Holz, Pappe, Styropor, Wolle, Papier – und je nach Alter einfache Werkzeuge zur Verfügung. Probieren Sie anfangs gemeinsam, was sich damit anfangen lässt. Je älter Ihr Kind ist, desto mehr sollten Sie es auch allein arbeiten lassen. So kann es eigenständig Erfahrungen sammeln.

▶ Lesen Sie viel zusammen. Einfacher können Sie Ihr Kind nicht fördern. Lesen Sie regelmäßig vor. Schon ganz Kleine haben Spaß an Bilderbüchern mit kurzen Texten oder Reimen. Allmählich können die Geschichten länger werden. Beziehen Sie Ihr Kind immer wieder ein, fragen Sie nach, lassen Sie es Figuren auf Bildern suchen, nacherzählen. Sogar Vorschulkinder, die noch nicht lesen können, verstehen so schon anspruchsvolle Texte.

Fantasie anregen, Lust am Tun wecken

▶ Sorgen Sie für Ruhephasen. Nur so kann Ihr Kind das, was es erfahren und gelernt hat, nachhaltig verarbeiten. Lassen Sie es Dinge ungestört ganz für sich noch einmal ausprobieren oder nachspielen. Wer selbst aktiv wird, lernt am besten.

TIPP!

Hand aufs Herz

● Seien Sie ehrlich: Drängen Sie Ihr Kind vielleicht in etwas hinein, wovon Sie früher selbst geträumt haben? Wollten Sie ein großer Fußballspieler werden? Oder Balletttänzerin? In Ordnung. Aber lassen Sie Ihrem Kind seine eigenen Träume.

● Brauchen Sie die Aktivitäten Ihres Kindes für soziale Kontakte? Dann suchen Sie lieber einen Gymnastik- oder Aquarellkurs für sich selbst. Das schont Ihr Kind und bringt Ihnen persönlich langfristig mehr.

Lesen Sie hierzu auch:
● Konzentrationsmangel, S. 64
● Unruhe, S. 115
● Zeitdruck, S. 121

Ungeduld: Abwarten ist so schwer!

Alles – hier und jetzt

Sie wollen alles – und das sofort. Klappt das nicht, gibt's Gequengel und Gebrüll. Kleine Kinder können einfach nicht warten. Haben sie Hunger, muss er sofort gestillt werden. Hier müssen Sie als Eltern geduldig sein.

Doch ab dem Kindergartenalter sollten kleine Leute allmählich warten lernen. Dass das ganz oft sehr schwer fällt, ist klar. Vor dem eigenen Geburtstag ist jeder aufgeregt und kribbelig. Und wer sich auf den Besuch von Oma freut, fragt sicher auch jeden Tag: »Wie lange dauert es noch?« Bei Alltäglichkeiten sollten Kinder es jedoch schon schaffen, sich wenigstens kurze Zeit in Geduld zu üben. Schließlich geht eben wirklich nicht alles sofort. Eltern haben auch nur zwei Hände – und ab und zu andere Dinge zu tun, als sich nur um die spontanen Bedürfnisse ihrer Kinder zu kümmern. Erklären Sie das Ihrem Sprössling in Ruhe. Und vertrösten Sie ihn darauf, dass Sie anschließend Zeit für ihn haben. Ein Versprechen, das Sie jedoch dann auch wirklich in jedem Fall einhalten sollten.

Uhren messen die Zeit – Kinder empfinden diese ganz anders.

So packen Sie's an

▶ Sorgen Sie für einen geregelten Tagesablauf. So wissen Kinder genau, was sie wann erwartet. Kündigen Sie Abweichungen möglichst an und erklären Sie Ihrem Kind, warum der Tagesplan geändert wird.

▶ Loben Sie geduldiges Verhalten. Hat Ihr Sprössling Sie ohne zu drängeln in Ruhe zu Ende telefonieren lassen, ist das eine tolle Leistung, die Anerkennung verdient. Geben Sie die Ihrem Kind auch – das spornt an.

▶ Stellen Sie einen Küchenwecker, wenn Sie noch etwas ungestört erledigen möchten. Oder wenn es noch zwanzig Minuten dauert, bis der Spielbesuch endlich kommt. Klingelt die Uhr, ist das Warten vorbei. Zeit ist für Ihr Kind auf diese Art besser nachvollziehbar.

▶ Basteln Sie einen Kalender. Noch drei Wochen bis zum Urlaub! Malen Sie alle Tage auf und streichen oder schneiden Sie jeden Morgen einen ab.

Lob und anschauliche Wartehilfen

Lesen Sie hierzu auch:
- Tyrannen, S. 108
- Unruhe, S. 115

Ungehorsam:
Gegen jede Regel ...

»Kannst du nicht einmal tun, was ich dir gesagt habe?« Janas Mutter ist verzweifelt. Jana ist vier Jahre alt, und ihr Lieblingswort heißt Nein. Und nie macht sie das, was die Eltern von ihr wollen. Jana befindet sich auf dem Weg in die Selbstständigkeit. In dieser Zeit sind Kinder auf Widerstand programmiert. Sie testen gnadenlos aus, welche Regeln sie verletzen, welche Grenzen sie überschreiten können. Merken sie, dass ihr Verhalten ohne Folgen bleibt, wagen sie sich weiter voran. Und hören irgendwann gar nicht mehr! Wenn erst jedes Zähneputzen zu langwierigen Verhandlungen führt, ist etwas schief gelaufen ...

Trotzalter: Augen zu und durch

Kleine Leute brauchen dringend einen festen Rahmen, einen verlässlichen Tagesablauf und klare Regeln und Absprachen. Nur so fühlen sie sich sicher und geborgen. Kinder unter drei Jahren sind noch nicht in der Lage, über den Sinn oder Unsinn von Regeln nachzudenken. Sie machen sich die Regeln automatisch zu Eigen, weil sie sich am Vorbild der Großen orientieren und dabei merken, dass das vorteilhaft für sie ist. Sie haben auch noch kein Zeitgedächtnis und nehmen daher an, dass Regeln ewig unverändert gelten. Sich bewusst an Regeln zu halten, weil die Eltern sie vorgegeben haben, schaffen Kinder ab etwa zwei Jahren.

Experimente mit Grenzen

Zwischen dem vierten und sechsten Lebensjahr beginnen kleine Leute, Regeln auszuhandeln – zum Beispiel im Spiel – und mit ihnen zu experimentieren. In diesem Alter fordern Kinder Regeln ein. Merken sie jedoch, dass Sie als Eltern es damit nicht so genau nehmen, ist das für sie ein Signal, das auch nicht zu tun. Da müssen Sie eindeutige Zeichen setzen. Sprechen Sie mit Ihrem Kind über Regeln. Machen Sie ihm klar, dass Sie über einige nicht verhandeln. So gibt es in Gefahrensituationen keine Diskussionen über den Sinn einer Regel. Sicherheit hat Vorrang! Andere Regeln können langsam in gemeinsam erzielte Absprachen übergehen. So lernt Ihr Kind im Dialog mit Ihnen, seine Interessen zu vertreten und durchzusetzen, Kompromisse zu schließen – und auch immer wieder mal nachzugeben.

Sie bestimmen die Spielregeln durch Ihr Verhalten

TIPP!

Regeln geben Halt

Regeln sind ungeschriebene Gesetze, Übereinkünfte und Verhaltensrichtlinien. Sie geben Sicherheit und Orientierung für unser Zusammenleben – und schützen oft auch vor Gefahren. Regeln sind nicht allgemein gültig. Sie sind abhängig von der Zeit, der Gesellschaft und Ihrer Familie. Bei den Meiers können ganz andere Regeln gut und richtig sein als bei Ihnen. Wichtig ist:

● Regeln müssen immer altersgerecht begründet und für Ihre Kinder nachvollziehbar sein. Kleine Leute müssen den Sinn der Regeln verstehen.

● Regeln müssen »mitwachsen«. Das heißt, sie dürfen nicht starr sein. Überprüfen Sie Ihre Regeln von Zeit zu Zeit. Je älter Ihr Kind wird, desto weniger starre Regeln braucht es.

● Regeln müssen in Ausnahmefällen auch außer Kraft gesetzt werden können. Es gibt Situationen, da kann es notwendig sein, eine Regel ganz oder vorübergehend zu streichen.

So packen Sie's an

▶ Nehmen Sie das Autonomiebestreben Ihres Kindes ernst. Es muss lernen, eigene Entscheidungen zu treffen. Dabei können Sie helfen. Besprechen Sie gemeinsam, in welchen Bereichen Sie bestimmen – und was Ihr Kind entscheiden darf.

▶ Weiten Sie den Entscheidungsspielraum Ihres Kindes Schritt für Schritt aus. Zeigen Sie ihm, dass Sie es ernst nehmen und ihm etwas zutrauen.

▶ Handeln Sie Regeln altersabhängig und individuell aus. Kinder sind unterschiedlich – und brauchen unterschiedliche Regeln.

▶ Machen Sie Ihrem Sprössling klar, welche Folgen es hat, wenn er eine Regel verletzt: »Wenn du dein Zimmer nicht wie besprochen aufgeräumt hast, haben wir nachher keine Zeit für das geplante gemeinsame Brettspiel.«

▶ Machen Sie aus Regelverletzungen kein Drama. Sie gehören zum Leben! Kleine Leute lernen dadurch Interessenkonflikte zu bewältigen. Kinder unter drei Jahren können Sie ohnehin nicht für eine Regelverletzung verantwortlich machen. Ignorieren Sie Regelverletzungen aber auch niemals. Machen Sie Ihr Kind darauf aufmerksam. Sagen Sie ihm, dass Sie ärgerlich darüber sind, und besprechen Sie die Folgen.

▶ Reden Sie nicht nur – handeln Sie. Sorgen Sie konsequent für Folgen, wenn Ihr Kind Regeln verletzt hat. Zeigen Sie, dass es Ihnen wichtig ist.

Jetzt stark bleiben – eine Investition in die Zukunft

Lesen Sie hierzu auch:
● Machtkämpfe, S. 74
● Trotzanfälle, S. 106
● Tyrannen, S. 108
● Zorn und Wutausbrüche, S. 123

Unruhe, Zappelei und Hektik …

Viele Kinder können einfach nicht still sitzen, sind ständig in Bewegung, verbreiten Chaos … da reißt selbst der gelassensten Mutter irgendwann der Geduldsfaden. Denn Unruhe steckt an: Schnell herrscht zu Hause eine gereizte Atmosphäre – und die macht Kinder noch zappeliger! Da hilft nur: Ruhe bewahren und nach Ursachen forschen. Oft braucht es nur Verständnis. Denn kleine Leute haben einen viel ausgeprägteren Bewegungsdrang als wir Großen. Ja, sie benötigen sogar dringend Bewegung, um sich körperlich wie geistig weiterentwickeln zu können. Meist ist das, was uns rastlos und zappelig erscheint, für einen Dreijährigen ein ganz normaler Aktivitätspegel. Und Kindern, die motorisch

Kinder müssen sich bewegen

Juchhu! So werden überschüssige Energien in Spaß umgesetzt – und nicht in Hektik!

sehr aktiv sind, fällt auch mit sieben Jahren das Stillsitzen noch enorm schwer. Sie müssen sich regelmäßig austoben. Stattdessen schleppen wir unsere Kinder durch die Erwachsenenwelt und sind genervt, wenn sie im Restaurant ständig umherlaufen. Oder wir versuchen Zappelphilippe vor dem Fernseher ruhig zu stellen. Eine Strategie, die Eltern kurzfristig Ruhe verschafft. Aber meist entlädt sich der unterdrückte Bewegungsdrang danach explosionsartig. Kinder sind keine kleinen Erwachsenen – wir sollten sie auch nicht so behandeln. Dann würden sich viele Probleme von selbst erledigen.

WICHTIG

Ist mein Kind hyperaktiv?

Extrem zappeliges und wildes Verhalten kann auf ein »Aufmerksamkeitsdefizit-Syndrom (ADS) mit Hyperaktivität« hinweisen. Sind Sie unsicher, ob die Unruhe Ihres Kindes noch normal ist, bitten Sie Ihren Kinderarzt, Sie an einen Spezialisten weiterzuvermitteln. Nur er kann eine exakte Diagnose stellen.

So packen Sie's an

Hilfreiche Grundregeln

▶ Bleiben Sie gelassen. Ein aufgewecktes Kind ist zwar anstrengend – aber Sie werden sich mit ihm sicher nie langweilen. Und selbst die wildesten Kids werden irgendwann älter – und ruhiger!

▶ Geben Sie Ihrem Kind viele Gelegenheiten, sich zu bewegen – am besten im Freien. Spielen Sie mit ihm Ball und Fangen, lassen Sie es klettern, schaukeln, hüpfen, Roller fahren und balancieren. Und mit anderen Kindern nach Herzenslust herumtoben.

Bewegen, bewegen, bewegen – das mögen Kinder

▶ Gehen Sie zum Mutter-Kind-Turnen. In vielen Sportvereinen gibt es auch schon für kleine Kinder Angebote.

▶ Stellen Sie ein kleines Trampolin auf. Wer Platz dafür hat, kann seinem »Springinsfeld« keinen größeren Gefallen tun. Das Hüpfen powert richtig aus und fördert das Körperempfinden Ihres Kindes.

So bekommen Sie die Situation in den Griff

▶ Nehmen Sie Ihr Kind in den Arm. Ist Ihr Sprössling völlig überdreht oder übermüdet und deshalb so unruhig, halten Sie ihn fest. Streichen Sie ihm langsam und gleichmäßig von oben nach unten über den Rücken.

Auch eine Massage kann gut tun. Aber lassen Sie ihn sofort los, wenn es ihm nicht gefällt. Wer sich wehrt, wird noch unruhiger.

▶ Singen Sie zusammen, das beruhigt. Es fördert die tiefe Atmung und entspannt so. Probieren Sie aus, was Ihrem Unruhegeist am besten gefällt: Kinderlieder, Fantasiemelodien, einfache Tonfolgen mit den Vokalen a, e, i, o und u oder nur Summtöne.

Streicheleinheiten und Musik

Tipps für den »Ernstfall«

▶ Bemühen Sie sich, selbst Ruhe zu bewahren. Sagen Sie sich auch im größten Chaos: »Ich bin ganz ruhig!« Legen Sie eine Hand an den Hinterkopf, die andere an die Stirn. Schließen Sie die Augen und atmen Sie tief in Ihren Bauch hinein. Beim Ausatmen den Stress einfach »wegpusten«.

▶ Haben Sie trotzdem irgendwann das Gefühl, gleich auszurasten, verlassen Sie unbedingt das Schlachtfeld. Im Bad oder im Garten können Sie sich wieder beruhigen. Und gönnen Sie sich auch oft genug allein oder mit Ihrem Partner regelmäßige Auszeiten. Das tut Ihnen und Ihrem Kind gut.

Konflikte rechtzeitig entschärfen

Lesen Sie hierzu auch:
- Bewegung, S. 34
- Konzentrationsmangel, S. 64
- Trotzanfälle, S. 106

Unselbstständigkeit: Mama, mach du das!

Bald kommt Marlene (6 Jahre) in die Schule. Aber den Anorak zieht sie nicht allein an. Auch die Schuhe bindet Mama zu. Marlene sitzt nur da und streckt die Füße von sich. Schließlich musste sie sich bisher nie selbst bemühen. Mama war stets zur Stelle. Herrlich bequem, wenn jemand immer alles macht! Doch fit fürs Leben werden Kinder so bestimmt nicht. Mütter, die ihren Kids alles abnehmen, stets alles für sie regeln, tun kleinen Leuten auf Dauer keinen Gefallen. Wenn Ihr Sprössling auch so ein kleiner Pascha ist, fragen Sie sich also selbst kritisch: Haben Sie ihn dazu gemacht? Dann sollte endlich Schluss mit dem Rundumservice sein! Praktische Dinge des täglichen Lebens können Kinder nicht früh genug lernen. Geben Sie ihnen Gelegenheit dazu. Das macht nicht nur selbstständig, sondern auch selbstbewusst.

Gewagte Kombination – aber ganz allein zusammengestellt!

So packen Sie's an

▶ Lassen Sie Ihr Kind los. Es kann mehr allein, als Sie denken. Trauen Sie ihm etwas zu. Helfen können Sie notfalls immer noch.

▶ Ermutigen Sie Ihr Kind, etwas selbst zu tun. Hindern Sie es vor allem nicht, wenn es das von sich aus will. Essen, anziehen, waschen, Zähne putzen sind gute Übungen. Greifen Sie nicht ein, auch wenn es länger dauert oder noch nicht ganz so gut klappt. Und geizen Sie nicht mit Lob.

▶ Gönnen Sie Ihrem Kind eigene Entscheidungen. Shorts im Winter sind natürlich zu kalt. Aber wen stört es, wenn Ihr Kind zur karierten Hose einen Ringelpulli aussucht?

▶ Geben Sie Anleitungen, notfalls auch praktische Unterstützung. Zeigen Sie genau, wie etwas gemacht wird, und üben Sie es immer wieder zusammen. Wichtig ist grundsätzlich Hilfe zur Selbsthilfe.

Loslassen und Vertrauen zeigen

Lesen Sie hierzu auch:
● Einzelkinder, S. 44
● Hilfe im Haushalt, S. 54
● Schulanfang, S. 94
● Tyrannen, S. 108

Verhaltensauffällig – stimmt etwas nicht?

Schwierig-keiten erkennen

»Unser Kind ist so schwierig!« beklagen sich immer mehr Eltern. Andere möchten am liebsten gar nicht wahrhaben, dass ihr Kind ernste Probleme haben könnte. Erst wenn es im Kindergarten oder in der Schule Beschwerden hagelt, können sie es nicht länger ignorieren. Doch dann ist oft schon sehr viel Zeit ungenutzt verschenkt.

Sicher ist es grundsätzlich richtig, ein Kind so zu akzeptieren, wie es ist – und nicht ständig nach Schwächen zu suchen, Fehler anzukreiden. Doch werden Sie bitte nicht zu unkritisch! Beobachten Sie Ihr Kind jeden Tag aufs Neue mit sensibler Distanz. Erwarten Sie zu viel? Machen ihm aktuelle Umbrüche oder Konflikte in der Familie zu schaffen? Oder könnte es tatsächlich Probleme haben? Gehen Sie der Sache auf den Grund. Und vertrauen Sie dabei zunächst ruhig Ihrem Gefühl.

Die Entwicklung im Auge behalten

WICHTIG

Das könnte hinter ungewöhnlichem Verhalten stecken

Die im großen Kasten rechts beschriebenen Verhaltensweisen können unter Umständen auf organische und/oder entwicklungsbedingte Störungen hinweisen. Ursachen dafür können zum Beispiel sein:

● Störungen in der Sinneswahrnehmung
● Störungen der Bewegungskoordination
● ein Aufmerksamkeitsdefizit-Syndrom (ADS, siehe Seite 115)
● Sprachverzögerungen und -störungen
● Sehstörungen
● Hörstörungen oder Probleme bei der Verarbeitung des Gehörten
● Teilleistungsstörungen
● versteckte Allergien

Gut beobachten und sensibel reagieren

Im Kasten rechts finden Sie verschiedene Signale, mit denen sich Verhaltensstörungen äußern können, und im Kasten links unten einige mögliche Ursachen für diese Symptome. Wohlgemerkt: Hinter solchen Symptomen können Probleme stecken – sie müssen es aber nicht!

Wenn Sie also den Verdacht haben, dass bei Ihrem Kind etwas nicht stimmt, lassen Sie sich von Ihrem Kinderarzt an einen geeigneten Experten weiterüberweisen. Je früher, desto besser. Denn die meisten Schwierigkeiten verwachsen sich nicht einfach. Im

WICHTIG

Checkliste: Warnzeichen, auf die Sie achten sollten

Körperliche Auffälligkeiten
● Ist Ihr Kind – im Vergleich zu anderen – für sein Alter extrem zappelig, unruhig, überaktiv oder nervös? Ist beziehungsweise war es ein Schreibaby?
● Hat es – vielleicht von klein auf – Probleme mit dem Gleichgewicht? Schaukelt es ungern? Fährt es nicht gern Karussell? Kann es schlecht balancieren oder hüpfen?
● Ist es sehr tollpatschig? Eckt es überall an, stößt es sich oft, hat es immer blaue Flecken? Fällt es häufig hin, ohne sich dabei reflexartig abzustützen?
● Kann es seine Bewegungen schlecht koordinieren? Muss es normale Bewegungsabläufe auffällig mit Blicken kontrollieren? Kann es auch mit 5 oder 6 Jahren noch nicht rückwärts laufen?
● Hat es Probleme mit der Feinmotorik? Ist es sehr ungeschickt? Machen ihm Dinge, die Fingerspitzengefühl erfordern, Schwierigkeiten (auch noch im Alter von 5 oder 6 Jahren)?
● Kann es seine Kräfte nicht dosieren? Ist es ruppig, impulsiv, oft sogar aggressiv?
● Hat es Atem- und Verdauungsprobleme? Schläft es ständig schlecht? Hat es über das Babyalter hinaus auch als Kleinkind noch einen unregelmäßigen Schlaf-Wach-Rhythmus?

Sinne und Wahrnehmung
● Lässt es sich nicht gern anfassen, wehrt es Berührungen ab? Reagiert es überempfindlich auf Geräusche, Temperaturen, Schmerz?
● Empfindet es kaum oder wenig Schmerz? Ist es sehr wagemutig? Erkennt es Gefahren nicht?
● Spricht es undeutlich? Nuschelt es? Hat es Probleme mit einzelnen Lauten oder Lautkombinationen? Stottert es immer oder in bestimmten Situationen?
● Hört es oft nicht, was Sie sagen? Müssen Sie es mehrmals ansprechen, bevor es reagiert?

Psychische und soziale Reife
● Kann es sich auch im Alter von 5 oder 6 Jahren noch schlecht auf eine Sache konzentrieren? Lässt es sich sehr leicht ablenken?
● Ist es (im Alter ab 4 Jahren) noch unfähig, Regeln einzuhalten – obwohl Sie sie wirklich immer wieder konsequent einfordern?
● Ist es immer schon auffallend langsam, zu ruhig, zu still, zu »pflegeleicht«, überängstlich?
● Rastet es bei jeder Kleinigkeit gleich aus – auch wenn das Trotzalter (siehe Seite 106) eigentlich schon vorbei sein sollte? Bekommt es schnell Tobsuchtsanfälle? Schwanken seine Stimmungen immer wieder sehr unvermittelt?
● Kann es sich als Kindergartenkind in keine Gruppe einfügen? Steht es eher abseits? Versteckt es sich hinter Clownerien und besonders albernem Verhalten?
● Essverhalten: Isst es schlecht? Nimmt es bestimmte Nahrungsmittel gar nicht zu sich?

Nehmen Sie auch »Nebensächliches« aufmerksam wahr, etwa die Bewegungen und körperlichen Abläufe bei Ihrem Kind.

Gegenteil! Was sich bei einem Kleinkind nur als »Macke« bemerkbar macht, kann beim Schulkind schon eine schwerwiegende Beeinträchtigung sein. Scheuen Sie sich also nicht, rechtzeitig Spezialisten zu Rate zu ziehen. Nur sie können genaue Diagnosen stellen und herausfinden, ob wirklich eine Störung vorliegt, wie schwer sie ist und ob eine Behandlung notwendig ist. Die Augen vor Problemen zu verschließen bringt weder Ihnen noch Ihrem Kind etwas. Je früher eine notwendige Therapie begonnen wird, desto besser. Versäumen Sie nichts. Ihr Kind wird Ihnen dafür dankbar sein.

So packen Sie's an

▶ Nutzen Sie die Vorsorgeuntersuchungen. Sprechen Sie Ihren Kinderarzt gezielt auf das an, was Sie beunruhigt. Er kann weitere Schritte zur Abklärung einleiten.

▶ Bei Unsicherheiten bitten Sie um Überweisung an Spezialisten. Hat Ihr Kind zum Beispiel Sprachprobleme, müssen auch die Ohren untersucht werden. Bei Bewegungsstörungen ist der Orthopäde gefragt. Hören Sie sich um, welcher Facharzt auf Kinder spezialisiert ist.

▶ Lassen Sie sich nicht abwimmeln. Und auf keinen Fall einreden, Sie seien überängstlich oder gar hysterisch! Bestehen Sie auf einer genauen Abklärung. Notfalls wechseln Sie den Arzt, bis Sie einen finden, der Sie und die Sorgen um Ihr Kind ernst nimmt.

Ungute Gefühle ernst nehmen

▶ Suchen Sie Rat bei anderen Stellen. Wenden Sie sich je nach Problem auch an Erziehungsberatungsstellen, Frühförderungszentren, Selbsthilfegruppen und Patientenorganisationen. Nutzen Sie alle Möglichkeiten.

▶ Akzeptieren Sie die Diagnose. Wird tatsächlich eine Störung bei Ihrem Kind festgestellt, kümmern Sie sich schnell um die nötige Therapie. Bestätigt sich Ihr Verdacht nicht, freuen Sie sich. Haben Sie Geduld! Vielleicht ist die schwierige Phase bald vorbei.

Lesen Sie hierzu auch:
- Lernprobleme, S. 68
- Unruhe, S. 115
- Zorn und Wutausbrüche, S. 123

Zeitdruck:
Hektik und Stress

»Wir haben gar keine Zeit! Ich bin schon völlig gestresst«, stöhnen viele Mütter. Und kämpfen sich weiter mit unlustigen Kindern im Schlepptau von einem Termin zum nächsten. Das Resultat: abgehetzte, genervte Mamas, überdrehte Kinder und eine gereizte Atmosphäre, in der der kleinste Funken eine Explosion auslöst. Muss das denn sein?

Belastend für alle: zu viele Verpflichtungen

Mit Babymassage und Krabbelgruppe fängt es an. Später folgen Mutter-Kind-Turnen, Musikalische Früherziehung, Bastelnachmittage, Schwimmkurs. Kommen dann noch Kindergarten, ein Geburtstag und die Kontrolluntersuchung beim Zahnarzt dazu, wird es eng. Prall gefüllte Terminkalender sind schon bei Vorschulkindern keine Seltenheit. Spontan geht gar nichts mehr. Zeit zum Spielen, Toben, Experimentieren, Trödeln, Kuscheln oder einfach nur zum Seele-baumeln-Lassen gibt es kaum noch. Kein Wunder, dass immer mehr Kids unruhig, unkonzentriert und laut sind oder gelangweilt herumhängen und nichts mit sich anzufangen wissen. Sie haben es einfach nie gelernt, sich selbst zu beschäftigen.

Zeit, um nichts zu tun

Mehr als alles andere brauchen Kinder Zeit. Unverplante Zeit zur freien Verfügung, ungestört und unbeobachtet von Eltern und anderen Erwachsenen. Freiräume zum Spielen und Träumen im eigenen Rhythmus und Tempo. Und Ihre Kinder brauchen auch Zeit mit Ihnen: zum gemeinsamen Spielen, Reden, Schmusen, Toben, Lachen. Schenken Sie also sich selbst und Ihrem Kind mehr Muße. Sie werden staunen, wie reich Ihr Alltag auch ohne tausend Termine sein kann.

Stille, Pausen und Leerlauf zulassen

TIPP!
Test: Brauchen Sie mehr Zeit?

● Fühlen Sie sich im Alltag häufig überfordert, gehetzt und gestresst?
● Fehlen Ihnen Pausen? Haben Sie keine Zeit für Hobbys oder zum Ausruhen?
● Ist Ihr Kind unruhig, zappelig, überdreht? Schläft es schlecht?
● Geht es nur höchst widerwillig zu Terminen und Aktivitäten?
Haben Sie eine oder mehrere Fragen mit Ja beantwortet, ist es höchste Zeit, Ihr Leben umzukrempeln.

So packen Sie's an

▶ Entschlacken Sie Ihren Terminkalender und den Ihrer Kinder. Seien Sie wählerisch bei Verabredungen: Macht es nach vier Jahren wirklich noch Spaß, sich jeden Monat mit allen Müttern aus dem Geburtsvorbereitungskurs und deren Kindern zu treffen? Setzen Sie Prioritäten und sortieren Sie alles, was Ihnen nicht wirklich wichtig ist, aus. Freuen Sie sich über Lücken, statt Angst zu haben, Ihr Tag wäre nicht ausgefüllt.

▶ Nicht jedes Mädchen muss zum Ballett, nicht jeder Junge zum Fußball. Gehen Sie mit Ihrem Kind nur zu den Terminen, auf die es auch wirklich Lust hat.

▶ Finden Sie den optimalen Aktivitätslevel für Ihre Familie. Ein Kind braucht mehr Zeit für sich, ein anderes lebt im Trubel so richtig auf. Spüren Sie die unterschiedlichen Bedürfnisse in Ihrer Familie durch sensible Beobachtung und Gespräche auf: Vielleicht können Sie Ihren quirligen Jüngsten öfter zum Spielen mit dem Nachbarskind zusammenbringen und so mehr Zeit allein mit Ihrer stillen Großen verbringen. Oder Sie wechseln sich mit einer Freundin bei der Kinderbetreuung ab. So gewinnt jede von Ihnen Freizeit für sich.

▶ Verplanen Sie nicht die ganze Woche. Mehr als ein oder zwei Nachmittagstermine pro Woche sollten es nicht sein. Wichtig: Immer genug freie Zeit im Kalender lassen. So durchkreuzen Ihnen Störungen nicht gleich alle Pläne.

▶ Setzen Sie sich selbst und Ihre Kinder nicht unter Druck. Haben die Kids oder Sie keine Lust zu etwas, lassen Sie es sein! Machen Sie es sich zu Hause gemütlich. Genießen Sie zusammen die Zeit vor der Einschulung. Terminzwänge kommen früh genug.

▶ Schaffen Sie sich Kontakte unabhängig von Ihrem Kind. Treffen Sie sich mit Freundinnen zum Frühstück, wenn Ihre Kinder aus dem Haus sind, oder abends auf ein Glas Wein, wenn Papa die Betreuung übernehmen kann. Lassen Sie Ihr Kind bei Oma, wenn Sie zum Sport oder in eine Ausstellung wollen. Und gönnen Sie sich ab und zu auch mal einen Babysitter für Unternehmungen mit Ihrem Partner.

Lesen Sie hierzu auch:
- Bewegung, S. 34
- Langeweile, S. 66
- Trödeln, S. 104
- Überfordert – unterfordert?, S. 109
- Unruhe, S. 115

Ein voller Terminkalender sorgt nicht für ein ausgefülltes Leben.

Jedem seinen Tageslauf ...

Zorn und Wutausbrüche – unerträglich heftig!

Kevin (5 Jahre) verliert nicht gern. Tischspiele mit ihm sind deshalb allen ein Gräuel. Gewinnt er nicht, rastet er aus. Auch wenn er allein spielt, kann seine Stimmung ganz schnell kippen. Funktioniert irgendetwas nicht so, wie er es will, schreit und tobt er und treibt so seine Mutter zur Weißglut. Besonders schlimm sind solche Auftritte in der Öffentlichkeit. Denn meist dauert es ganz schön lange, bis Kevin sich wieder einigermaßen beruhigt hat. Eltern kennen diesen Zustand aus der Trotzphase. Aber auch später machen viele Kinder ihrer Wut noch lautstark Luft. Bei Krisen und Konflikten in Familie, Kindergarten oder Schule, Ängsten, Überforderungen und Aggressionen im direkten Umfeld können heftige Wutausbrüche ein hilfreiches Ventil sein. Manchmal ist die Schwelle vom verständlichen Frust zum totalen Ausrasten extrem niedrig. Da müssen Sie als Eltern dringend einen kühlen Kopf bewahren.

Wenn jedes Spiel mit einem Ausraster endet, müssen kleine Verlierer noch etwas lernen.

Nur so können Sie verhindern, dass die Situation völlig eskaliert. Und Ihrem Kind als Vorbild zeigen, wie es mit heftigen Emotionen besser umgehen kann.

Gefühle zulassen

Wütend und zornig zu sein ist in Ordnung. Jeder, auch Ihr Kind, hat ein Recht auf solche Gefühle. Es soll sie nicht unterdrücken. Doch sie an anderen auslassen oder in seiner Wut etwas zerstören darf es nicht. Hier sind eindeutig die Grenzen. Und Sie als Eltern haben schließlich auch ein Recht darauf, die kindlichen Wutausbrüche nicht ertragen zu müssen.

Eigene Grenzen klarmachen

TIPP!

Hand aufs Herz

● Sind Sie selbst sehr aufbrausend? Gehen Sie schon bei Kleinigkeiten an die Decke?
● Wie reagieren Sie, wenn Sie zornig sind? Wie erlebt Ihr Kind Sie dabei? Muss es ab und zu unter Ihren Wutanfällen leiden, obwohl es damit gar nichts zu tun hat?
● Ersparen Sie sich manchmal Ärger, indem Sie Ihrem Kind schnell jeden Wunsch erfüllen und damit Zorn vermeiden?

So packen Sie's an

▶ Das beste Erziehungsmittel: unerwünschtes Verhalten ignorieren. Versuchen Sie, das zu trainieren. Bleiben Sie cool. Lassen Sie sich auch nicht durch Bemerkungen anderer Leute aus der Ruhe bringen. Sprechen Sie möglichst leise. Das dämpft die Wut.

Gelassenheit und Ruhe helfen

▶ Belohnen Sie die Show Ihres Kindes nie. Ihr Wüterich muss erfahren, dass es sich nicht lohnt, zu wüten. Erfolg stellt sich nur ein, wenn vernünftig gefragt und verhandelt wird. Wer tobt, wird nicht beachtet. Wer seine Wut in den Griff bekommt, wird gelobt.

▶ Lassen Sie sich nie zu drastischen Handlungen wie Schlagen und Schreien verleiten. Das bringt überhaupt nichts. Es bestätigt nur Ihr zorniges Kind.

▶ Reagieren Sie nicht vorschnell. Manchmal ist es sinnvoll, den Zorn erst verrauchen zu lassen, um dann in Ruhe zu handeln.

▶ Lassen Sie Ihr Kind eine Weile allein. Gehen Sie aus dem Raum. Kündigen Sie an, dass Sie zu weiteren Verhandlungen erst bereit sind, wenn sie wieder vernünftig miteinander umgehen können. Achten Sie aber darauf, dass Ihr Kind nicht in Gefahr ist.

»Stopp« signalisieren

▶ Zeigen Sie Ihrem Wüterich eine »rote Karte«. Die können Sie einfach aus Pappe ausschneiden. Sie bedeutet: Auszeit! Das heißt, Sie schicken Ihr Kind in ein anderes Zimmer. Dort muss es sich kurze Zeit, etwa zwei Minuten, ruhig verhalten. Die Uhr läuft aber erst, wenn es sich ausgetobt hat. Die »rote Karte« kann es auch unterwegs geben. Ihr Kind muss dann auf dem Spielplatz am Rand oder im Auto sitzen.

Regeln für kleine Wüteriche einführen

▶ Versuchen Sie gelassen zu bleiben. Wenn Sie selbst mal die Wut packt, atmen Sie dreimal tief durch, bevor Sie reagieren. Oder zählen Sie innerlich ganz langsam bis zehn. Stellen Sie sich dann vor, wie die Fliege an der Wand das Geschehen beurteilen würde. Das beruhigt und lässt Gelassenheit wachsen.

Lesen Sie hierzu auch:
● Egotrip, S. 40
● Machtkämpfe, S. 74
● Trotzanfälle, S. 106

TIPP!

Vorgespielt: der große Zorn

Fordern Sie Ihren kleinen Wüterich zu einem Spiel mit vertauschten Rollen auf. Sie sind jetzt das zornige Kind, Ihr Sprössling ist Mutter oder Vater. So kann er Verständnis für Ihre Situation entwickeln und Modelle für sein eigenes Verhalten kennen lernen.
Besprechen Sie anschließend:
Warum war das Kind zornig? Hat der Anfall genützt? Warum nicht? Wie könnte man sich besser verhalten?

Zum Nachschlagen

Bücher, die weiterhelfen

Cramm, D. von, *Kinder-Knigge;* Südwest Verlag

Dreikurs, R. / Stolz, V., *Kinder fordern uns heraus;* Klett-Cotta

Dreikurs, R. / Loren, G., *Kinder lernen aus den Folgen. Wie man sich Schimpfen und Strafen ersparen kann;* Herder

Juul, J., *Grenzen, Nähe, Respekt. Wie Eltern und Kinder sich finden;* Rowohlt

Kast-Zahn, A., *Jedes Kind kann Regeln lernen;* Oberstebrink Verlag

Kunze, P. / Salamander, C., *Die schönsten Rituale für Kinder;* Gräfe und Unzer Verlag

Murphy-Witt, M., *Spielerisch im Gleichgewicht;* Christophorus Verlag

Rogge, J.-U., *Ängste machen Kinder stark;* Rowohlt

Rogge, J.-U., *Kinder brauchen Grenzen;* Rowohlt

Rogge, J.-U., *Ohne Chaos geht es nicht;* Rowohlt

Schmid, M. / Kohlhepp, B., *Keine Angst mehr;* Christophorus Verlag

Schneider, S., *Mein Körper ist mein Haus;*
Christophorus Verlag

Stamer-Brandt, P., *55 Tipps für Kinder die Regeln brauchen;* Christophorus Verlag

Stiefenhofer, M., *55 Tipps … wenn Ihr Kind Angst hat;* Christophorus Verlag

Weitere Eltern-Ratgeber aus dem Gräfe und Unzer Verlag:

Dorsch, Prof. Dr. med. W. / Loibl, M., *Hausmittel für Kinder*

Hofmann, Dres. D. & U., *Erste Hilfe bei Kindern*

Koneberg, L. / Förder, G., *Kinesiologie für Kinder*

Kunze, P. / Salamander, C., *Kinder fördern im Alltag*

Schmidt, S., *Bach-Blüten für Kinder*

Zimmermann, Dr. M., *Kinder spielerisch zur Ruhe führen*

Kinderbücher und Spiele

Angst

Alexander, L. / Cooke, T., *Angst im Dunkeln,* Reihe Sesamstraße; Tessloff Verlag

Solotareff, G., *Ganz allein;* Moritz Verlag

Weißt Du warum? Keine Angst. (interaktives Spiel, ab 5 Jahre); Cornelsen Verlag

Egotrip

Jutte, J., *Wach doch auf!;* Carlsen Verlag

Gefühle

Aliki, *Gefühle sind wie Farben;* Beltz-Verlag

Enders, U. / Wolters, D., *Gefühle-Quartett* (Kartenspiel), Mebes & Noack, zu bestellen über: Donna Vita, Kaiserstr. 139–141, 53113 Bonn

Löffel, H. / Manske, C., *Ein Dino zeigt Gefühle,* Mebes & Noack

Geschwister

Lindgren, A. /Wikland, I., *Ich will auch Geschwister haben;* Oetinger Verlag

Kindergarten

Langreuter, J., *Der kleine Bär kommt in den Kindergarten;* Ars edition

Ungehorsam

Jeram, A., *Anna Andersrum;* Verlag Sauerländer

Adressen, die weiterhelfen

Allgemeine Informationen rund um die Erziehung

Arbeitskreis Neue Erziehung e.V. Boppstr. 10, 10967 Berlin www.ane.de

Bundesarbeitsgemeinschaft Elterninitiativen (BAGE) e.V. Einsteinstr. 111 81675 München www.bage.de

Bundeskonferenz für Erziehungsberatung e.V. Herrnstr. 53 90763 Fürth www.bke.de/ratsuchende.htm (Adressen der Erziehungsberatungsstellen bundesweit)

Deutsche Liga für das Kind Chausseestraße 17 10115 Berlin www.liga-kind.de

Deutscher Kinderschutzbund e.V. Schiffgraben 29 30159 Hannover www. kinderschutz-bund.de

Mütterzentren Bundes-
verband e.V.
Müggenkamp 30a
20257 Hamburg
www.
muetterzentren-bv.de

**Adressen bei verschie-
denen Erziehungs-
problemen**
Arbeitskreis überaktives
Kind
Postfach 41 07 24
12117 Berlin
www.auek.de

Beratungs- und Infor-
mationsstelle für Links-
händer
Sendlinger Str. 17
80331 München
www.linkshaender-
beratung.de

Deutsche Gesellschaft für
das hochbegabte Kind
Otto-Suhr-Allee 26–28
10585 Berlin
www.dghk.de

Kinderzentrum für
Wahrnehmungs-
störungen
Büdinger Str. 17
60435 Frankfurt

**Geeignete Internet-
adressen:**
www.selbsthilfe-forum.de
Selbsthilfegruppen

www.kidnet.de
Infos und Kontakte für
Eltern

Österreich

Steiermark:
Steirischer Familienbund
Mondscheingasse 8/3/5
8010 Graz

Niederösterreich:
NÖ Hilfswerk
Gröhrmühlgasse 32
2700 Wiener Neustadt

Burgenland:
Der Lichtblick
Obere Hauptstraße
27/1/12
7100 Neusiedl/See

Salzburg:
Amt der Salzburger
Landesregierung
Wasserwerk
Neualmer Str. 17
5400 Hallein

Vorarlberg:
Institut für Sozialdienste
6700 Bludenz

Kärnten:
Magistrat Klagenfurt
Lidmanskygasse 20 H
9020 Klagenfurt

Oberösterreich:
OÖ Familienbund
Starhembergstraße 3
4070 Eferding

Tirol:
Zentrale für Ehe- und
Familienfragen
Erlerstraße 2
6060 Hall

Wien:
Verein Nanaya
Zollergasse 37
1070 Wien

Schweiz

www.ggg-basel.ch/
organisation/jugend_
familie.html
(hier erfahren Sie Adres-
sen und Ansprechpartner
zu verschiedenen Erzie-
hungsfragen)

Elternnotruf
Telefon 261 10 60
Telefonische Beratung zu
Erziehungsfragen rund
um die Uhr

Register

Aggressivität 80 f.
Albträume 26 f., 87
Ältere Menschen 78 f.
Angst 26 f., 32 f., 60 f.
Arbeitsplatz 52 f.
Aufmerksamkeitsdefizit-
Syndrom (ADS) 115
Aufräumen 28 f.
Ausruhen 34 ff., 39, 64 f.
Autofahrten 30 f.

Bettnässen 32 f.
Bewegung 34 ff., 39,
115 f.
Bildschirm 37 f., 46 f.
Bummeln 104 f.

Chaos 28 f.
Computer 37 f.

Draufgänger 39
Drittes Lebensjahr 13 ff.
Durchschlafen 32 f., 46 f.,
85 ff.

Egoismus 40 f., 54 f.,
62 f., 74 f.
Egotrip 40 f.
Eifersucht 42 f.
Einkaufen 62 f., 74 f.
Einnässen 32 f. , 100 f.
Einschlafen 85 ff.
Einzelkinder 44 f.
Entspannung 34 ff., 39,
64 f., 115 f.
Entwicklung 9 ff.
Ernährung 64, 97 f., 99

Impressum

© 2002 Gräfe und Unzer Verlag GmbH, München
Alle Rechte vorbehalten. Nachdruck, auch auszugsweise, sowie Verbreitung durch Bild, Funk, Fernsehen und Internet, durch fotomechanische Wiedergabe, Tonträger und Datenverarbeitungssysteme jeder Art nur mit schriftlicher Genehmigung des Verlages.

Redaktion: Reinhard Brendli
Lektorat: Ina Raki

Illustrationen: Tobias Borries
Fotos: Johannes Caspersen: hintere Umschlagseite; Image Bank (Britt Erlanson): S. 3, 24; Mauritius: S. 2, 4, 6; Picture Press: vordere Umschlagseite, S. 1

Umschlaggestaltung: independent Medien-Design
Innenlayout: Heinz Kraxenberger
Herstellung: Renate Hutt
Satz: Johannes Kojer, München
Lithos: Repro Ludwig, Zell am See
Druck: Appl, Wemding
Bindung: Sellier

ISBN 3-7742-5559-8

Auflage 4.   3.   2.   1.
Jahr   2005 2004 2003 2002

Wichtiger Hinweis

Die Inhalte dieses Buches wurden äußerst sorgfältig recherchiert und geprüft. Dennoch können nur Sie selbst entscheiden, ob die hier geäußerten Vorschläge und Ansichten auf Ihre eigene Lebenssituation übertragbar und für Sie beziehungsweise Ihr Kind passend und hilfreich sind.
Weder die Autoren noch der Verlag können für eventuelle Nachteile oder Schäden, die aus den im Buch gegebenen praktischen Hinweisen resultieren, eine Haftung übernehmen.

Umwelthinweis

Dieses Buch wurde auf chlorfrei gebleichtem Papier gedruckt. Um Rohstoffe zu sparen, haben wir auf Folienverpackung verzichtet.

GRÄFE UND UNZER

Ein Unternehmen der
GANSKE VERLAGSGRUPPE

Das Original mit Garantie

Ihre Meinung ist uns wichtig. Deshalb möchten wir Ihre Kritik, gerne aber auch Ihr Lob erfahren, um als führender Ratgeberverlag für Sie noch besser zu werden. Darum: Schreiben Sie uns! Wir freuen uns auf Ihre Post und wünschen Ihnen viel Spaß mit Ihrem GU-Ratgeber.

Unsere Garantie: Sollte ein GU-Ratgeber einmal einen Fehler enthalten, schicken Sie uns bitte das Buch mit einem kleinen Hinweis und der Quittung innerhalb von sechs Monaten nach dem Kauf zurück. Wir tauschen Ihnen den GU-Ratgeber gegen einen anderen zum gleichen oder ähnlichen Thema um.

Ihr Gräfe und Unzer Verlag
Redaktion Gesundheit
Postfach 86 03 25
81630 München
Fax: 0 89/4 19 81-1 13
e-mail: leserservice@
graefe-und-unzer.de